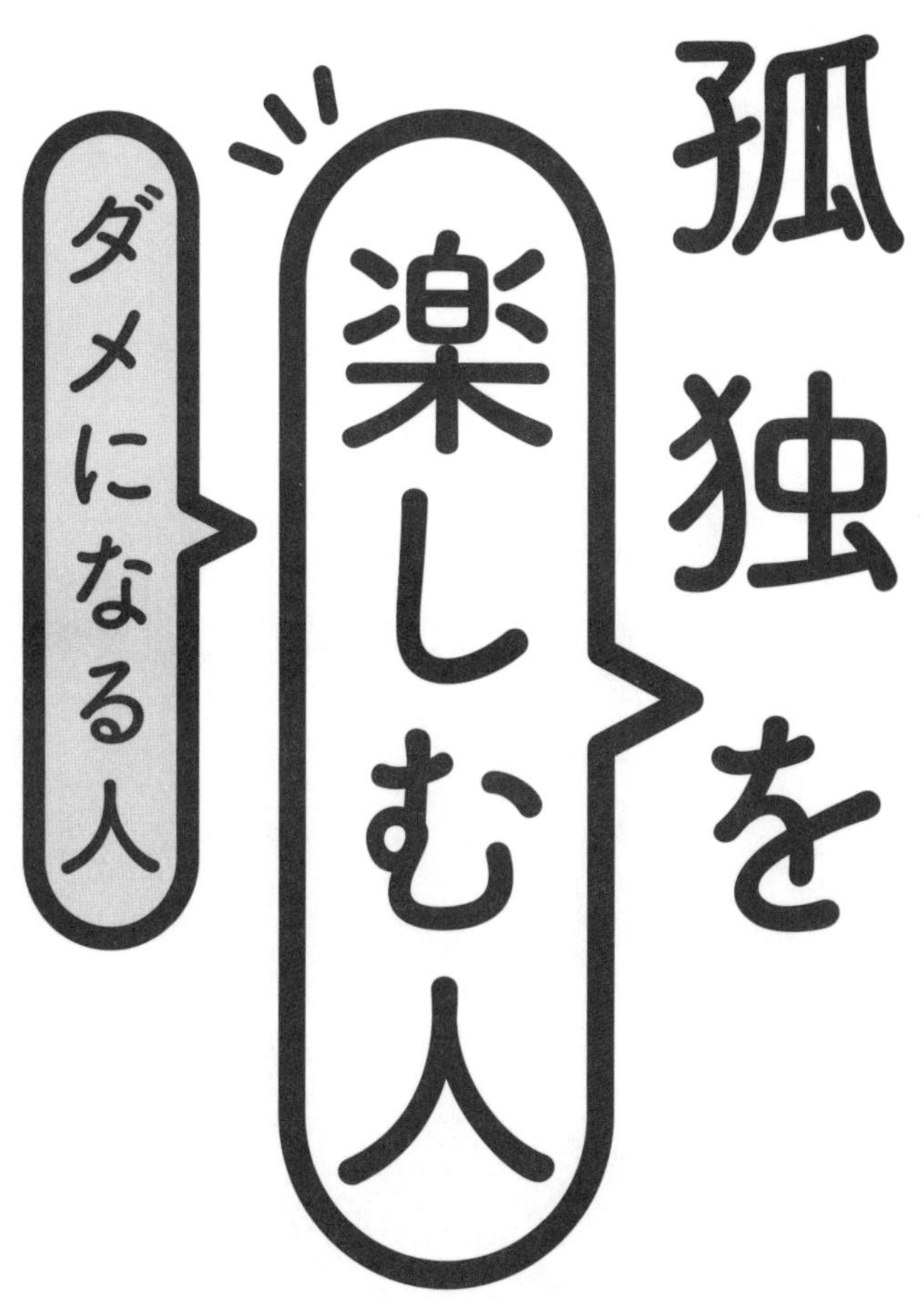

有川真由美

PHP

まえがき

孤独だから、楽しいことができる
孤独だから、さびしくて何もしたくない

あなたは、どっちですか？

だれかがいなければ、幸せになれない。孤独はさびしいというのは、思い込みです。むしろ、「孤独だからこそ、できることがある」と孤独を受け入れた瞬間から、人と一緒にいなければいけないという執着から解放されて、仕事も人間関係もうまく回り始めます。

だれかといることを基本とするのではなく、「孤独」を基本として生きれば、心は自由になります。**やりたいこと、好きなことをとことん追い求めることができる。**時間も場所も自由になって、楽しみや幸せは何倍にもなります。

好奇心をもって挑戦すること、遊ぶこと、学ぶこと、さまざまな人とつながることなど、自分で決めて、自分で動くことができるようになるのです。

ソロキャンプ、ソロ飲み、一人旅、一人カラオケ、推し活など〝ソロ活（ソロの活動）〟を楽しむ人が増えたのも、「人と一緒」に疲れた現代人の心の表れだと感じます。

たとえばソロキャンプは、まわりに気を使わず、自分のペースでやりたいことに没頭できる。ぼんやり星を眺めたり、鳥の声を聞いたりとリラックスした状態で五感を使って、いまを味わうことができる……。

孤独の本質は、自由に外のものを感じながら、ワクワクしたり面白がったり、夢中になったりして、生きる力を取り戻すことにあります。

孤独に慣れていない人は、最初はさびしさが残りますが、じきに慣れます。

一人で決めて行動することが増えると、「孤独に浸るのもいいものだ」「孤独の楽しみは山ほどある」とポジティブにとらえて、毎日が楽しくなってくるはずです。

孤独は、けっしてさびしく、不幸なものではありません。

むしろ、**孤独を楽しめる人は、かっこよく、うつくしく、幸せな人であり、広く多くの人に支えられて生き生きと輝く人**でもあります。

この本のなかの「孤独を生きる人」は、自分の殻のなかに閉じこもっているのではなく、自分の気持ちを軸に、人と関わり合いながら、人生を楽しんでいる人です。

「人は人、自分は自分」と考えて、自分の気持ちを優先できるし、相手も尊重できる。いま、一人である人はもちろん、素敵な家族やパートナー、友人や同僚がいる人も、「孤独」を前提とするから、人といる喜びもありがたさも実感できるのです。

どんな立場にいても「一人で幸せになれる」という術(すべ)はもっていたほうがいいでし

ょう。そうでなければ、なにかに期待して、さらに孤独感に陥ることの繰り返しです。孤独であることは人として成熟し、自分とまわりへの愛を深めることでもあるのです。

この本は、「幸せな孤独」の姿を浮き彫りにして、あなたに「自分で自分を幸せにできる」というイメージをもっていただくために書きました。自分のことを世界でいちばん考えているのは自分自身。だれでもなく、あなた自身が自分のことを、最高に幸せにしてあげてください。

有川真由美

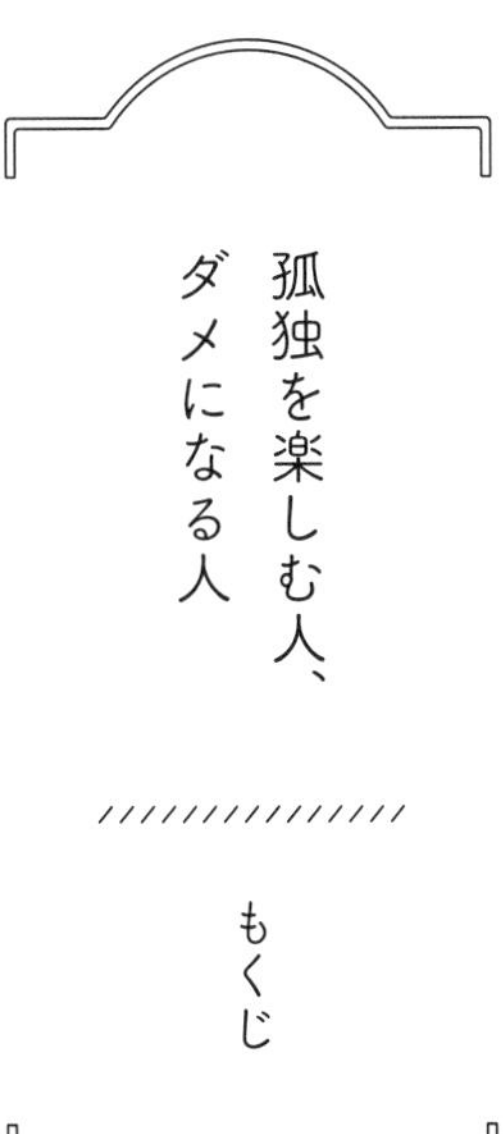

孤独を楽しむ人、ダメになる人

もくじ

第1章 孤独の感情に引きずられるのは、大損です
〝さびしさ〟〝罪悪感〟は、「気のせい」です

第2章 孤独を楽しめる人の感情の整理術

孤独の正体を知って、〝さびしさ〟の感情とうまくつき合いましょう

第3章

孤独こそ、自由で幸せな生き方

孤独を歓迎すると、たくさんの効用があります

第4章 孤独を楽しむためのレッスン

一人でも、だれかと一緒にいても、孤独を楽しめる人は、たおやかに生きる

第5章 孤独を楽しんで生きる人、孤独でダメになる人

強くなくてもいい。飄々(ひょうひょう)と心穏やかでしなやかに

第6章 孤独を楽しむ人の人間関係、ダメになる人の人間関係

自分を生かし、相手も生かすという関係があります

第1章

孤独の感情に引きずられるのは、大損(おおぞん)です

“さびしさ”“罪悪感”は、「気のせい」です

NO. 01

「孤独は悪いもの」と思うのは、大損です

自由と自信を奪われてはいけません

「一人でいたい気持ちもあるが、一人でいることに罪悪感がある」

この本を書くための取材で、年齢や性別、家族や恋人の有無にかかわらず、そんな声が聞こえてきました。

「一人は好きだけれど、ずっと一人身かと思うと、不安があり、親にも申し訳ない」

「一人暮らしや一人飲食など、孤独でさびしい人だと思われそうで、人の目が怖い」

「家族がいるのに、自分の時間や生き方を大事にすることに、罪の意識を覚える」

「同僚と話や行動を合わせられず、孤立する自分が残念でならない」というように。

それらは、「孤独＝悪いこと」「人と一緒＝いいこと」という大きな勘違いによるもの。「孤独」に対して、「さびしい」「かわいそう」「みじめ」「自分勝手」「変わり者」

などネガティブなイメージがあるからではないでしょうか。

しかし、「孤独（一人でいること）」にいいも悪いもありません。

短絡的に「孤独は悪い」と感じている人は、人生で大損をしています。「だれかと一緒でなければ」という呪縛に取りつかれて、自分で自分を苦しめているのですから。

たとえば、職場での〝ぼっち飯〟を「みじめで恥ずかしい」と怖がっていると、まわりを気にしてばかり。行きたくもないレストランにつき合いで行ったり、こっそり隠れて食べたりしてヘトヘトに気疲れするでしょう。

いちばんの不幸は、「自分がなにをしたいのか」がわからなくなること。さらに、「孤独でいる自分はダメな人間だ」という呪いをかけて自信まで失ってしまうことです。

ちょっと立ち止まって「待てよ。一人でなにが悪いのか」と思うことができれば、呪縛から解放されて、好きな場所で好きなものを味わえる。心も体も時間も場所も自由になって、楽しみや幸せは何倍にもなるのです。

どうやら世間では、孤独にまつわるネガティブな勘違いが蔓延（はびこ）っているようです。

第１章では、だれもがもつべき〝幸せな孤独〟の姿を浮き彫りにしていきましょう。

NO.
02

一人は「さびしい」というのは思い込みです

かえって一人のほうが気楽です

私たちは「一人はさびしいものだ」と考えがちですが、物理的な〝孤独（一人でいること）〟と、感情的な〝孤独感（さびしさ）〟は、まったく別。「一人ぼっちは死ぬほど辛い」という人もいれば、「かえって一人のほうが気楽」という人もいるでしょう。「一人はさびしい」というのは、思い込みにすぎません。

むしろ、まわりに人がいるときにこそ、さびしさを感じることは多いはずです。

人間関係があれば、なにかしら人への期待が出てくるもの。「仲良くしてもらえると思ったのに、してくれない」「話を聞いてもらえない」「わかってもらえない」「助けてもらえない」など、それが叶わない現実があるとき、さびしい感情が生まれます。

しかし、「仲良くしてくれると思ったのに」「わかってもらえると思ったのに」というのは、ほとんどが思い込み。勝手に期待して、ガッカリしているだけのことです。「まぁ、そんなものかもね」と期待を手放せば、その瞬間からラクになれるのに、いつまでも執着して、さびしい感情を引きずっていると、大損をします。

私は20代のころ、「会社は私を評価してくれない」「恋人は連絡をくれない」と、つねにさびしさを抱えていました。ついイライラして態度に出てしまい、人間関係もこじれていく……という悪循環。心の隙間を埋めるために、暴飲暴食や散財をしていたこともあります。

さびしさとは「心の風邪」のようなもの。ちょっと休んだり、心の応急手当をしたりすれば治るのに、こじらせると、焦りや不安、怒り、憎しみ、劣等感、自己嫌悪などさらなる感情を呼び、重症化します。**私たちは孤独だからではなく、「孤独はさびしい」という思い込みから、心と体が蝕まれてしまうのです。**

これ以上、なにかにしがみつき、さびしさを引きずって、自分を傷つけるのはやめましょう。

自分で生み出した感情なのですから、自分で整理していくこともできるのです。

NO. 03

孤独で上等。楽しく生きましょう

孤独は否定すると魔物。肯定すると心強いサポーター

20代のころ、私が孤独に陥りやすかったのは、根底に「人並みでなければ」「会社に従わなくては」「結婚しなくては」「社会的に認められなければ」といった思い込みと、人生のレールから外れたような疎外感、敗北感があったからかもしれません。

つねに人との比較や評価に頼って生きていたために、まわりの反応に一喜一憂し、不甲斐（ふがい）ない自分を許すことができなかったのです。

それが30代で恋人と別れ、定年までいようと思っていた会社を辞めて、物理的に一人きりになったとき、不思議とこんな思いがわいてきました。

「孤独、上等じゃないの。これからは一人旅をする感覚で、だれになんと言われようとも、生きたいように生きるのだ。気ままな旅路を楽しもうではないか」

初めて「孤独だからできることがある」と思えて、目の前がぱーっと開けてきたのです。挑戦すること、好奇心をもって学ぶこと、環境を変えること、さまざまな人のなかに入っていくことなど、自分で決めて、自分で動くことができるのですから。

そして、孤独を受け入れた瞬間から、仕事も人間関係も「〜でなければ」と力みすぎて空回りしていた歯車がうまく回り始めたのです。

そもそも、だれもが一人で生まれて死ぬのですから、人生は〝一人旅〟です。

「孤独は嫌」とネガティブにとらえると、孤独は魔物のように襲いかかってきます。「孤独も悪くない」と肯定すると、孤独は最強のサポーターになって、私たちを支えてくれるのです。孤独に慣れていない人は、最初はさびしさが残り、いくらか拒否反応を起こしますが、じきに慣れます。

だんだん「孤独に浸るのもいいものだ」「孤独の楽しみは山ほどある」「孤独から生み出されるものは大きい」などとポジティブにとらえて、毎日が楽しくなってきます。「孤独のよさもあり、人と一緒のよさもある。どちらでも大丈夫」と思えたとき、私たちは不安や恐れがなく、そのときどきで心から望む選択ができるようになるのです。

NO.
04

一人でいられる人はかっこよく、幸せな人です

孤独を楽しめる人は、人に期待するのではなく、自分に期待します

山の中にポツンとある一軒家で、一人暮らしをしている80代の友人女性は、よく「さびしくないですか」と心配されるそうです。

「畑のことや、毎日の家事、趣味の絵画などで忙しくて、さびしがっているヒマはありません」と答えても、強がっていると受け取られるとか。「一人でいる人間はみなさびしいのだ」と思い込んでいる人は、その心情を理解できないのでしょう。

「人間はあまり来ないけれど、毎日、鳥や動物が遊びに来るの。季節の移ろい、風や水の音、太陽のぬくもりなど自然の恵みを感じていたら、満ち足りた気分になるわ」

という彼女は、いまあるもののなかから工夫して、喜びや幸せを見つけるのが上手。困ったときの頼り方も心得ていて、思う存分、一人を楽しんでいる姿は、自立し

ていて、ほんとうにかっこいいと感じるのです。

対して、孤独になれない人は、「だれかがいなければ」という思い込みに振り回されて、他人に期待するため、度々「だれも〜してくれない」「みんな冷たい」「もっと〜してくれればいいのに」などと〝ないものねだり〟をすることになります。

他人に期待しているかぎり、自分で解決することはできないのですから、つねに不満とさびしさがついて回るでしょう。

誕生日やクリスマスが一人だとさびしいと思うのは、「イベントは人と一緒でなければ」と思い込んで、だれかが一緒に過ごしてくれることを期待しているからです。

自分をみじめでさびしい人だと感じるなんて、まったく、くだらない感情です。

孤独を楽しめる人は、「誕生日は自分との対話をする日にしよう」「一人でプチ贅沢旅行をしよう」「特別なことはしなくていい」など想像力を豊かにして、自己完結できます。だから、誇り高く、いくらでも幸せになれるのです。

いま、さびしさを感じている人は、すでに自分がもっているものがあるのではないか、いまできることがあるのではないかと、ひとたび確認してみてください。

NO.
05

「一人は恥ずかしい」なんて、幼稚な考えです

人の目に振り回されて、自分を見失ってしまいます

「私だけ一人ぼっち？」という状況は、思春期のころには結構辛いものがあります。〝ぼっち〟を怖がり、登下校も教室の移動もトイレに行くのもつるんだり、仲間はずれが嫌で、みんなが好きなアイドルを追いかけたり。ある女性は、修学旅行のグループ分けがある日に一人あぶれる事態を恐れて、学校を休んだこともあるとか。

私は社会の科目で地理を選択したいのに、「女子が一人になるのは嫌」「〇〇ちゃんと一緒がいい～」などと言って日本史を選択し、あとで激しく後悔しましたっけ。

いまにして思えば、〝ぼっち〟が嫌というより、「友だちのいない、残念な人」というレッテルを貼られるのが怖かったのです。

恥ずかしさとは、「まわりからどう思われるか」と、〝自分〟を意識したときに起こ

る感情といいます。つまり、「一人は恥ずかしい」は〝自意識過剰〟なのです。

「自分のことなどだれも気にしていない」と思えば、恥ずかしがることはありません。

大人になっても「一人でランチするのが恥ずかしい」「一人で映画館に行くのも恥ずかしい」などと、一人行動ができない人がいますが、幼稚といえば幼稚。自分が「どうしたいか」よりも、まわりから「どう思われるか」を優先させていて、やりたいことができず、なにかと人に頼らなければならないのですから。

一人でいることは恥でもなんでもなく、むしろ、精神的に自立している証（あかし）です。

一人の自分を恥じるのではなく、一人で行動できないこと、一人でいる人に「かわいそう」と偏見の目を向けることを恥じるべきなのです。

昨今では一人ランチ、一人映画、一人カラオケ、一人ライブ、一人キャンプ……もはや大抵のソロ活は認知されているのですから、恥ずかしがることはないでしょう。

一度やってしまうと抵抗がなくなり、「ランチのときくらい職場から離れて一人になりたい」「この映画は一人でじっくり観（み）たい」などと思うようになるはずです。

ほんとうの大人は、自分の気持ちを軸に動くのです。

NO.
06

「一人は不幸」とは、世間の刷り込みにすぎません

「どちらが幸せか？」なんて無意味な問いです

これまで家族やカップル中心のサービスを行ってきた世界の大型クルーズ船が、つぎつぎにシングル向けの部屋やサービスを提供するようになったといいます。シングル専用のフロアや交流の場もあり、一人でも気兼ねなく船旅を楽しめるのだとか。

世界的にも「おひとりさま」が定番になりつつある時代ですが、いまだに世間では「一人は不幸」と考えている人も多いようです。

テレビや広告でも「人とつながることこそが幸せ」という空気が漂っています。

しかし、ほんとうに「一人は不幸」で、一人では幸せになれないのでしょうか。

一人で生きる人が増えたということは、世の中が平和になり、社会の機能が整って、家族や地域のしがらみから自由になったということ。なんと幸せなことでしょう。

「どちらが幸せか？」なんてナンセンス。人と一緒の幸せもあれば、一人の幸せもあり、反対に、人といるから生まれる辛さもあれば、一人の辛さもあります。

それぞれがいまいる場所で、自分の幸せを見つけていけばいい話です。

ただ、**どんな立場にいても「一人で幸せになれる」という術はもっていたほうがいい。**といっても、一人でたくさんお金を稼ぐことではありません。誤解を恐れずに書くと、〝一人遊び〟を楽しめることだと思っています。

子どもが一人で砂遊びやお絵描きを夢中でするように、自分の好きなことを見つけて楽しめること、一人でワクワクしたり喜べたりすることこそ、「幸せな孤独」。仕事も学びも、自分の目的を見つけて、挑戦や冒険をしていく〝一人遊び〟の一環です。

蓮如上人の「同行の前にては喜ぶものなり、これ名聞なり。信の上は一人居て喜ぶ法なり」（『蓮如上人御一代記聞書』）という言葉があります。

人前で「幸せな人だと思われたい」と喜ぶのは名誉欲や承認欲求によるもの。だれに称賛してもらわなくても、一人で幸せになれる人は、絶対的な幸福を手に入れられます。賢明な人は、一人ぼっちでも、じゅうぶん幸せなのです。

NO.
07

「一人でいたい」と思うのは、わがままではありません

人と一緒にいるためにも、自分を取り戻す時間は必要です

「同僚や友人につき合いが悪いと言われるけれど、一人が好きすぎる」

「親から結婚のプレッシャーをかけられるが、このまま一人でいたい」

「家族がいるのに、ときどき、一人でふらりとどこかに行きたくなる」

など「一人でいたい」という声は、時代とともに増えているようです。

そして、そんな人たちの多くは、同時に「こんな自分はわがままなのだろうか?」

「自分勝手では?」という罪悪感を抱えています。

とんでもありません。「一人でいたい」という欲求は、人間の本能からくるもの。

それこそがあたりまえで、自分を大切にしようとする気持ちの表れです。

繰り返しますが、人間は基本的に孤独なもの。一人ひとりがちがう人格をもち、考

え方も生き方も人それぞれ。社会人としての自分、息子・娘としての自分、パートナーや親としての自分など、さまざまな役割を全うしながら忙しく生きているなかで、〝個の自分〟を見失わないために、「一人になりたい」と思うのではないでしょうか。

とくに同調圧力やマウンティングにさらされている状況では、なにもしていなくても疲労がたまるもの。避難場所として、一人の時間に浸りたいと思うのも無理はありません。人間関係のなかで生きていくためにも、一人の時間は必須なのです。

人は孤独のなかで、心が自由になります。芸術家や小説家が作品を生み出すのも孤独のなかから。自分の生き方を迷いながら見つけるのも、気持ちを立て直すのも孤独のなか。だれにも支配されない〝個の自分〟になって、生きる力を取り戻すのです。

ただし、人間には「一人でいたい」欲求と同時に、「人といたい」欲求もあります。人との交わりになにかしら期待する気持ちがあるのも事実。コロナ禍でリモートワークが続くと、心地よさを感じる反面、人恋しくなった人もいるはずです。

私たちは「一人でいたい」「人といたい」を行ったり来たり、心をゆるめたり引き締めたりしながら、心のバランスを保っているのです。

NO.
08

周囲から浮いていても、笑い飛ばしましょう

「人は合わなくて当然」を前提に生きれば、生きることがラクになります

「職場に馴染(なじ)めない。自分だけが浮いている」と深刻に悩んでいる人がいました。
「自分だけ見下されているよう。話も合わず飲み会にも誘われないし、意見を言ってもだれも反応してくれないし。職場は仕事をする場だとわかっていても、まわりが仲良く雑談しているのを見ると、どうしようもなく不安で孤独」だと言うのです。

この不安感、私も経験があり、痛いほどわかります。「なにか悪い印象をもたれたのだろうか」「それとも、みんながいじわるなのか」と悩みます。

自分とちがって愛想笑いをして周囲にうまく溶け込んでいる八方美人の同僚を恨(うら)めしく思ったり、「どうせ私なんて……」といじけたりして疎外感に打ちひしがれるもの。

しかし、**周囲に溶け込めない〝孤独感〟〝疎外感〟をそれほど深刻に考える必要は**

ありません。「だからどうした」と開き直って、笑い飛ばしてしまえばいいのです。

他人事（ひとごと）のように自分を笑ってしまうと、一歩引いた目で見られて、「悩んだり、ジタバタしたりするほどの問題ではないか……」と思えてきます。

悩んでしまう原因は、「人はそれぞれちがうのだ」という前提を忘れているから。周囲から浮くことも、摩擦があることも、あって当然なのに、幼少期の教育も関係しているからか、同じ空気のなかに入ることで安心しようとするクセがあるからです。

だれもが性格や背景、価値観など「人とはちがう」部分をもっています。まわりに馴染んでいるように見える人も、ほんとうは馴染むフリをしているだけで、自分を出せずに苦しんでいたり、ちがいに劣等感をもっていたりするかもしれません。

大人であれば、自分が自分であるために、多少の孤独は甘んじて引き受けようではありませんか。まわりから浮いていても「だからどうした」と平気にしていれば、他人のちがいにも寛容になれます。ふとしたはずみで仲良くなれて、互いに認め合う機会も出てくるでしょう。「人はそれぞれちがって当然」を前提にすることで、生きることが格段にラクになり、あたたかいまなざしをもてるようになるのです。

NO.
09

家族や子どもがいないと幸せではない、なんて大ウソです

どんな立場でも成長する人は成長し、幸せになる人は幸せになります

現代においても「結婚して家族をもたなければ、一人前とはいえない」「子どものいない人は、人間的に成長しきれていない」などと平然と言う人がいます。

そんな人は「自分以上に大切な存在を守り、子どもの成長に合わせてさまざまな問題を乗り越えながら成長してきた」という自負があるからでしょう。

もちろん、すばらしい体験ですが、人の気持ちも考えずにマウントをとり、価値観を押しつける人が、人間的に成長しきれているのでしょうか。子どもを育てても感謝できない、やさしさや責任感がないなど基本的な部分で成長できていない人はいるもの。結婚や子育ての経験や属性で、人間的な真価が決まるわけではありません。

どんな立場で、なにを経験するかよりも、それぞれが目の前のことにどう向き合

い、どう振る舞ってきたかの積み重ねが、成長や人間力になっていくのです。

子どもがいなくて愛と知性にあふれ、尊敬できる人を、私は何人も知っています。仕事や親の介護や健康的理由で、家族をもつことをあきらめてきた人たちもいます。

「多様性」が叫ばれ、障がいや性的マイノリティへの理解は進んでいるのに、〝ソロ差別〟〝ソロ偏見〟は根強く、「どうせ私は一人だから……」と卑下（ひげ）する人も少なくありません。ですが、**一人なのが問題ではなく、そんなことを気にして伸び伸びと生きられないことが問題。これも「だからどうした」で笑い飛ばして終わる案件です。**

また、「家族がいないと幸せでない」「老後がさびしい」なんていうのも、大ウソ。家族がいる幸せもありますが、家族だからこそ、感情的な諍（いさか）いが起こりやすいことはいうまでもありません。子や孫に助けられて余生を過ごす時代でもないでしょう。

一方で、一人で生きるから味わう幸せもあれば、苦労やさびしさもある。この世に天国というものはなく、どんな立場にもプラスとマイナス、光と影があるのです。

立場のちがう人を否定することから、分断は生まれます。謙虚になって相手の立場に敬意をもち、思いやることが、自分を助けることにもつながっていくはずです。

NO. 10

いま、友だちがいなくてもぜんぜん平気です

「人間は基本的に孤独」と思えば、友だちがいない孤独から解放されます

友だちがいないことは、「人間的な魅力がない」とほとんど同じ意味で考えられているようです。私たちは子どものころから「友だちが多いことはいいこと、友だちがいないのは残念なこと」という美徳の刷り込みがありました。人の輪のなかにいる人気者を「○○ちゃんはいいなぁ」と羨ましがり、「私は友だちといえる人がいない」と自分をみじめに感じた人もいるでしょう。

現代はSNSなどによって、友だちが可視化されやすいため、「私はフォロワーが○人しかいない」「私のコメントには〝いいね〞がつかない」など、人とつながろうとして起こる〝不幸せな孤独〞が増加しているのではないでしょうか。

友だちがいないことを怖がるのは、実際、困るからではなく、それによって人とし

ての価値を測っているからです。まったくの一人でも、なんとか生きていく術はあるもの。友だちがいることは、人生の〝マスト〟ではありません。

友だちがいれば楽しいし、心強いこともあるけれど、いなくても平気に生きていける。友だちがいないときは、自分の興味や学びを深めるチャンスでもあります。

「表面的なつき合いでしかない友だちなら、いなくてもいい」「むしろ、一人のほうが気楽」とＳＮＳをやめたり、つき合いを断ったりする人もいます。

正直、友だちが多いと、人間関係に忙殺されます。ＳＮＳにコメントをしたり、みんなが集まるイベントに参加したり……と、まわりに反応しているうちに、人生の膨大な時間とエネルギーを使ってしまうでしょう。浅いつき合いの人と交流することに疲れて、ほんとうに大切な人、大切な課題を放置することにもなりかねません。

私は「友だちはいなくてもいい」と開き直った途端に、逆に深いつき合いができる友だちが現れました。無理につき合わなくてもいいと思っているので、人間関係で起こる〝不幸せな孤独〟から解放されて、「この人とだけはつながりたい」という人だけが残ります。これは、孤独を覚悟した人に与えられるギフトだと実感するのです。

NO.
11

嫌な人とは、どんどん離れましょう

嫌な気持ちでつき合っていても、いい関係は築けません

「学生時代や昔の職場で仲が良かった同級生と、たまに会うと話がかみ合わない。自慢話をしたり、自分の価値観を押しつけてきたりして、もやっとする」といった経験は、多くの人があるはずです。嫌な相手でも会ってしまうのは、心の奥に「同級生（元同僚）だから仲良くしなければ」という気持ちがあり、縁を切ったり、距離を置いたりすることに罪悪感やさびしさなどの痛みを覚えるからではないでしょうか。

しかし、無理してつき合っても、イライラ、もやもやが募って、つい顔や言い方に出てしまう。心底、嫌いになるか、傷つけ合うのがオチです。

相手のことを「嫌い」「苦手」と思ってしまうのは、距離が近すぎるからです。

だれにでも仲良くできない相手はいるもの。嫌な部分が感じられないほど、遠くま

で離れれば、不快になることもないでしょう。

毎月のように会っていた関係なら、1年ほど会わないでいると「あの人もいいところがあったな。久しぶりに連絡してみようかな」となるかもしれません。すっかり忘れていたら、それまでの関係です。苦手な上司やクライアントなどとも、無理に仲良くしようとしなくてもいいのです。**「当たり障りのない会話に徹する」「気の進まない誘いは断る」など、心の距離をとってビジネスライクにつき合えばいい**でしょう。

距離感さえ間違わなければ、どんな相手でもつき合うことができるはずです。

厄介なのは、親子関係、恋愛関係など、関係が歪んでいても離れられない場合。深く傷つけ合いながらも「親子だから」「好きだから」としがみついていると、愛情が憎しみに変わり、修羅場と化すことになりかねません。

「ヤマアラシのジレンマ」のように、近すぎると心地悪くなり、離れすぎるとさびしくなるのが人間関係。親密であればいいというのではなく、離れたり、近づいたりしながら、そのときどきで心地よい距離感を見つけていくのが、大人のつき合いです。

そのためには、孤独を受け入れ、「離れる勇気」をもつことも必要なのです。

NO. 12

空気を読んでいるうちに、人生が終わってしまいます

自分を守っているつもりが、逆に自分を壊していきます

場の空気を読んでまわりに合わせようとすることは、摩擦を生まずに生きていく術。自分を守るうえでも大切で、思いやりや礼儀としてプラスに働くこともある反面、空気を読んでばかりいると、とりかえしがつかない大損をすることもあります。

私も会社員時代は、まわりの空気に過敏に反応していました。だれかに言われたわけでもないのに「先輩より先に帰ってはいけない」「余計なことを言ってはいけない」「目立ってはいけない」と、常にまわりの空気に合わせることで安心していたのです。

そんなふうに空気を読むことや、他人の顔色を窺うことが習慣になると、気づかぬうちに人間関係のストレスがたまり、だんだん会社に行くのが嫌になってきます。

自分を抑えることが常になっているので、自己主張はおろか自分の意見さえもて

なくなる。他人の欲求に敏感になりすぎると、自分の欲求に鈍感になるのです。

自分を守るためにまわりに合わせているのに、逆に、自分自身に目が向けられず、知らぬ間に心も体もどんどん壊れていく……という悲劇が起こってしまうわけです。

また、空気を読みすぎることのもうひとつの悲劇は、「本質が見えなくなること」。たとえば、「お客様のためにいいサービスを提供したい」と思っていても、「余計な仕事を増やすな」などの声に忖度（そんたく）し、会社に居続けるために人間関係を優先していると、だんだん自分がどこに向かっているのかわからなくなります。

真面目で優秀な人ほど〝同調圧力〟の罠（わな）にハマって結果を出せず、自分の力を伸ばせずにいるのです。能力の高い強者（つわもの）であれば人気ドラマ「ドクターX」のような、我が道を行きながら結果を出す〝アウトロー〟的な生き方を目指すのもあり。**ですが、私は断然、「人は人、自分は自分」で結果が出なくても、自分の「好き」を面白がりながら追求していく〝オタク〟的生き方をおすすめします。**

仕事でも趣味でも自分の「これ！」を極めていく姿は、まさに「幸せな孤独」。そんな人は認められようとしなくても、結果的に一目置かれる存在になるのです。

NO.
13

「自分だけ孤独」と思っていると、キレやすくなります

「自分だけが孤独」ではなく、「だれもが孤独」なのです

「週末はみんな家族や恋人と一緒で幸せそうなのに、自分だけ一人でさびしい」と言っていた女性がいました。休日は外出する気にもなれず、ひたすら家でゴロゴロ。嫌なことがあると、何日も気分が落ち込み、ふいに涙が出てくることもあるとか。

心の片隅にある「自分だけ孤独」という気持ちは、ハッキリとした心の傷ではないけれど、日々、少しずつ、うっすらと自分を傷つけているもの。そんなさびしさの感情がたまっていると、ふとした弾みで大きなダメージを受けます。

家族がいるからといって、孤独がなくなるわけではありません。

仕事を辞めて育児に専念していた女性は、いつも夫が深夜まで残業。夫に対して「育児に協力的ではない」「遅くなっても連絡がない」「会話がない」など不満があっ

ても、波風を立てたくない気持ちから、一人でぐっと堪（こら）えていました。

週末に遊びに行く約束をしていたのに、夫が「疲れているから行きたくない」と言い出したときは、不満が爆発。「私のことなんか、どうでもいいのね」「こんなことなら、仕事を辞めるんじゃなかった」とキレて、何時間も泣きながら猛攻撃することに。

夫は夫で「仕事で苦労している自分のことをわかってくれない」という孤独があって逆ギレ。互いに「口もききたくない」と家庭内別居でさらなる孤独に陥ったのです。

「自分だけ孤独」という思いを抱えていると、心が弱ってキレやすくなり、自ら（みずか）破壊的な行動に出てしまうこともあります。

キレやすく、迷惑な行動に突っ走る〝暴走老人〟や、高圧的な態度でなにかと文句をつける〝モンスタークレーマー〟も、「自分の存在を認めてほしい」という孤独感が要因のひとつなのかもしれません。家族がいても会話が少ないさびしさや、定年になって社会からおいてきぼりになったような疎外感もあるのでしょう。

「自分だけが孤独」ではなく、「だれもが孤独」なのです。一歩引いて「あなたもたいへんだよね」という視点をもたないかぎり、孤独の傷は深くなっていくのです。

NO. 14

「都会の孤独」と「村の孤独」があります

「村社会の孤独」はもっと恐ろしく、死活問題です

「都会は人が冷たい」「人が大勢いても孤独」といった〝都会の孤独〟は、しばしば聞かれるもの。マンションの隣人がだれかも知らず、エレベーターのなかで挨拶も交わさず、子どもや高齢者にも話しかけづらい。出逢いはあっても表面的、流動的なつき合いで、他人に立ち入らない空気があり、心細くなっている人もいるでしょう。

約50年近く前、「東京砂漠」という歌謡曲がありました。「人間関係が乾いていて、心がすさむ都会の片隅で、男女が身を寄せ合って生きていく……」というような歌詞。いまも昔も単純に「人口が多い」という環境は、孤独になりやすいのです。

「田舎の人はあたたかい」などと言いますが、人口が少ない村社会のなかで、摩擦を生まずにつながろうとするコミュニケーション文化が発達するのは必然。助け合わざ

るを得ないし、相互監視のもと、「悪い人はいないだろう」という安心感もあります。

しかし、田舎には田舎の、より深刻な孤独があるのです。人間関係が濃密なぶん、比較もされるし、評価もされる。狭い人間関係のなかで権力のある人、多数派が力をもち、意見や価値観のちがいは「わかってもらえない」という深い孤独を生みます。

私は限界集落で暮らしていたことがあります。幸い、人に恵まれて助けられていましたが、心の片隅に「万が一、嫌われて〝村八分〟になったら、ここでは生きていけないだろうな」というちょっとしたホラーもありました。実際、田舎移住で失敗する人のもっとも多い原因は、「人間関係に溶け込めない」という疎外感です。

つまり、どこでもなにかしらの孤独はあるのです。**「そもそも孤独なもの」と覚悟すれば、どこでも生きていけて、むしろ孤独を楽しみながら、まわりと関わり合えます。**

他人に干渉されず自分を貫きたい人は、便利で刺激的な都会は生きやすいでしょう。一方、必然的に人と関わる田舎は、孤独な人でも自分の役割を見つけやすいはずです。

孤独を楽しむ人は、「みんな冷たい」「干渉されるのは嫌」と嘆くのではなく、「これも悪くない」と、その場のプラス面を受け入れて人間関係も楽しめるのです。

NO. 15

SNSは、さらなる孤独を生みます

見えにくく、不確かな関係のなかにも、期待と失望が生まれます

なんとなくさびしいとき、人恋しいとき、SNSでつながって、心の隙間を埋めようとする人は多いのではないでしょうか。

たしかに、SNSはいつでも、どこでも、だれとでもつながれる便利な道具。「悩んでいることを打ち明けて救われた」「求めている人とつながれた」「必要な情報をもらった」など、うまく使えば大きな恩恵があるでしょう。

ただ、「だれかが反応してくれること」をいいことに、目的もなく、なんとなくつながっていると、逆に孤独が増幅するのです。

だれもが「認められたい」という欲求はあり、加えて、SNSのなかでも孤立することへの恐怖があるもの。とくに、自分に自信がなかったり、現実的な人間関係がう

まくいかずに落ち込んでいたりすると、過剰なほどコミュニケーションに気を使いながら、自分を理解してくれる人とのつながりを強く求めるようになるといいます。

寝るまでスマホを片時も離さず、頻繁にSNSのチェックをして、返信やコメントに一喜一憂し、日々の仕事や生活が阻害されているという状態であれば、〝SNS依存症〟の予備軍かもしれません。インスタグラムの写真にいくつ「いいね！」がつくかに夢中になって、期待する反応が得られないと、さびしくなったり、不安になったりして、さらに躍起になることもあります。

しかし、SNSという見えにくく不確かな世界で、勝手に期待して、勝手に失望しているだけ。信頼しすぎると、心がすり減り、膨大な時間を奪われることになります。

SNSは、さびしさを慰めたり、あたたかさを感じたりする情緒的なツールでもあります。**だからこそ、心に穴があるとハマってしまう。利用するときは「ほんとうのところは、わからないけどね」という気持ちは、もっておいたほうがいいでしょう。**

現実の孤独は、現実の世界で解決することが基本。つながる〝道具〟は、目的と使用上の注意をわかっておかないと、心にケガをすることになりかねないのです。

NO.
16

不要なものを買っても、さびしい感情は喜びません

「心の穴を埋める」の勘違いに気づきましょう

「さびしい人は太る」と聞いたことはありませんか？

「だれもわかってくれない」「恋人や家族がかまってくれない」「自分だけ孤立している」などさびしい人は食べることで手っ取り早く気を紛らわせるし、投げやりになってドカ食いしがち。とくにお菓子やジャンクフードなど刺激的な味は、脳から食欲を暴走させる物質が出て、依存性が高くなるといいます。

「さびしい」という感情はアルコール依存、買い物依存、ギャンブル依存、恋愛依存なども引き起こすことがあります。たとえば買い物をすると気分が上がり、一時的に嫌なことを忘れられるので繰り返してしまう。ギャンブルや恋愛にのめり込むのも〝快感〟を得られるというより、さびしい〝不快感〟から気を逸らす効果があるから。

「依存症は孤独の病（やまい）」ともいわれます。孤立している人、息苦しい環境にいる人、問題を一人で抱えている人など、つながりを失った人ほど、依存による安堵（あんど）感、快感は大きく感じられます。「やらずにはいられない！」と手放せなくなるわけです。

しかし、不要なものを買ってもギャンブルをしても、さびしさの感情は喜びません。つぎからつぎにさびしさが押し寄せて、「心の穴」を埋めようと躍起になるでしょう。

「心の穴」なんて、自分が勝手につくり出した妄想だというのに。

繰り返しますが、人は孤独な状態でも生きていけるし、幸せになることもできます。

〝孤独感〟という不安や不満の感情が身も心も蝕んで生きづらく、不幸にするのです。

もし、「孤独だけれど、これはこれでいいのでは？」と心を軽くできたら？

もし、自分がほんとうに楽しめること、満足できることに夢中になれたら？

もし、辛い気持ちを自分自身がわかって、現実的に解決することができたら？

「幸せな孤独」とは、なにかに心の穴を埋めてもらおうとすることではなく、自分とちゃんと対話することが始まり。次の第２章では、そんな孤独をプラスにとらえて楽しめる人の感情の整理術についてお伝えしていきましょう。

第2章

孤独を楽しめる人の感情の整理術

孤独の正体を知って、
“さびしさ”の感情と
うまくつき合いましょう

NO. 17

どうして一人だと、さびしいのか？

「さびしいのはしょうがない」「一人でいてもいい」と思えば、心が和らぎます

「職場で話す人がいなくて、さびしい」「一人暮らしがさびしくてたまらない」「恋人と別れて、さびしさが消えない」など一人がさびしいと感じる瞬間は、だれにでもあるはず。長年、一人で生きてきた友人がこんなことを言っていたことがありました。

「一人には慣れているし、辛いとき、困ったときに乗り越える術ももっている。でもね、すごく嬉しいことがあったとき、それを話せる人がいないのは、少しさびしいと思うことがあるの。人は辛いことより、嬉しいことを分かち合いたいものかもね」

どうして「一人はさびしい」と感じてしまうのでしょう？

古来、人間は村社会のなかで助け合って厳しい環境を生き抜いてきたので、一人になることへの〝恐怖〟が根っこにあり、〝さびしさ〟が発生するという説もあります。

同調圧力に敏感になり、〝みんな一緒〟だと安心するのも、「人間は一人では生きられない」という事実をＤＮＡレベルで知っているからかもしれません。

加えて、個々の〝さびしい〟という感情は、「期待するから」生まれるものです。「職場で話す人がいなくてもまったくＯＫ」と期待しなければ、さびしくはないでしょう。「話す人がいなくてさびしい」と思うのは、過去に職場や学校で楽しくおしゃべりした感覚や仲の良い人がいて心強かった感覚が前提にあって、それを期待してしまうから。先の友人はだれかと一緒に喜んで嬉しかった感覚が残っているのでしょう。

つまり、「つながりたくても、つながれない」という期待と現実のギャップが〝さびしさ〟。ですが、「〝ぼっち〟を抜け出さなければ」「さびしがってはいけない」と、現実を変えようとジタバタする必要はありません。深みにハマりますから。

「さびしいのはしょうがない」「まぁ、いまは一人でもいいではないか」と、肩の力を抜いて現実を受け止めることから始めましょう。それだけでも心が和らぐはずです。

さびしさは、痛みをともなうぶん、私たちを成長させ、大切なことを教えてくれる感情でもあります。毛嫌いしないで上手につき合っていこうではありませんか。

NO. 18

一緒にいるのに、孤独を感じるのはなぜ？

さびしさとは「欠けている」という妄想にすぎません

人は物理的に一人でいるときだけでなく、だれかと一緒にいても孤独を感じるものです。「家族なのに、どうして心を通わすことができないのか」「友だちなのに、どうしてわかってくれないのか」「恋人なのに、どうして自分のことを見てくれないのか」など、むしろ、人といるときの孤独のほうが胸をえぐられるような苦しみがあり、それが怒りや憎しみになっていくこともあります。

少し極端な話ですが、何年も家庭内別居をしていた友人がいました。一緒にいながら会話がないのは、耐えがたいものがあったのでしょう。いつも夫の悪口を言っていて、最終的に裁判で互いを責め合って離婚しました。そこにいるのに存在を無視されるという状態は、もっとも人の心を傷つける孤独かもしれません。

人がそばにいると、なにかしら「こんな人であってほしい」という〝期待〟が生まれるのは当然。相手に期待している以上、さびしさを感じるのも当然です。

「もっと仲良くなりたいのに」「もっと認めてほしいのに」「もっとやさしくしてほしいのに」と問題を相手に押しつけているかぎり、さびしさは延々と続くでしょう。

相手に期待するのではなく、自分に期待すれば、さびしさは激減します。

「なるほど、そうなりますよね」「期待しすぎだったかも」「相手は相手の都合がある」と現実に寄り添って、いま自分のできることだけにフォーカスすればいいのです。

さびしさとは「欠けている」という妄想にすぎません。勝手に期待して、勝手にさびしがっているのですから、深刻にならないことが大事。

「今日は少し話ができた」「一緒に笑い合えた」「自分のことを話せてよかった」と、プラスの現実に目を向けていくのも、大人の〝孤独上手〟です。

ほんとうに自分を傷つけているのは、相手ではなく、自分自身の妄想であり、思い込みだという事実がわかれば、孤独の沼から這い出すことができます。いまの現実を「欠けている」ととらえるのも「満たされている」ととらえるのも自分次第なのです。

NO.
19

孤独感はずっと続かない。安心してさびしがりましょう

夜のさびしさは、朝には消えています

普段はほとんどさびしさを感じることはないのに、夜、ふとした瞬間にさびしさが襲ってくることはありませんか？

いわゆる〝孤独モンスター〟は、朝よりも夜22時以降にひょっこり顔を出すのです。30代のある男性は友人も多く仕事も順調なのに、夜、うとうとしているときに「恋人も親友と呼べる人もいない。自分はどうして一人なのか。このままいくとほんとうに孤独な人生になってしまう」と〝恐怖〟に近い孤独感にとらわれてしまったとか。

「夜のさびしさは、朝には消えているから、夜は深刻に悩まないほうがいい」というのが私の考え。朝になると「仕事に行く準備をしなきゃ。今日はアレとコレをして……」と目の前のタスクを片づけるために、思考も体も動いていて、さびしさはすっ

かり忘れているもの。一方、夜にリラックスした状態になると、なんとなく気にかかっていたこと、不安なことがフッとわいてきて、ネガティブになりがちなのです。

夜、悩んで書いたメールや手紙を、朝読み返すと、感情的で大げさな内容に恥ずかしくなった経験がある人は多いはず。自分の世界にどっぷり浸っているため、いくらでも〝妄想〟が広がり、客観的で冷静な目で見られなくなるわけです。

「視野が狭くなる」というのも〝孤独モンスター〟が出現しやすい条件のひとつです。たとえば、職場で孤立しているとき、学校でいじめにあっているとき、狭い人間関係のなかで追い込まれ、それが永遠に続くかのような不安に襲われるかもしれません。**でも、人生の長い道のりのなかで一瞬、同じバスに乗っているだけの状態。一歩引いてみると、別の人間関係もあり、そのバスから降りるという選択もできるのです。**

孤独のさびしさはずっとは続かないのですから、安心してさびしがりましょう。辛いときは泣いてもいいのです。でも、そのあとは「さびしがってもいい。いまだけのことだ」と心を軽くして進もうではありませんか。孤独にOKを出すことで、モンスターは私たちを成長させ、幸せにしてくれる最強のサポーターになるのです。

NO. 20

「気の合う仲間がいない」というあなたへ

気の合う仲間がいなくても、社会活動はストップしません

「趣味の仲間や同級生グループなど気の合う仲間がいて、わいわい楽しそうに飲み会やイベントをしている人たちを見ると、ものすごく羨ましい。自分も心地よい仲間が欲しいのに、なかなかできないんです」とは、よく聞く悩みのひとつです。

確かに、気の合う仲間がいて、連絡を取ったり、集まったりするのは楽しく、心強いもの。「グループの一員」として認められることで、自信も生まれるかもしれません。

でも、仲間がいなくてはいけないのでしょうか。

かつて物書きとして勝負してみようと東京に出てきたとき、近所の公園に一人でお花見に出かけたことがありました。そこは桜の名所で、職場の仲間、遊び仲間、親族一同などさまざまなグループが陣をとり、宴会を楽しんでいました。

「お花見に一人で来るのは私ぐらいか。私は会社にも、家族にも、地域にも、友人仲間にも属していなくて、ほんとうに一人なんだ」とふと気づいた瞬間、**わき上がってきたのは、孤独感ではなく、肩の力が抜けたような開放感でした。**

ビールの買い出しにも行かなくていい。場所取りもしなくていい。人に気を使わず、好きなときに帰ってもいい。桜の花もじっくり見て回れる。私は一人でじゅうぶん幸せだと笑いがこみ上げてきたのです。負け惜しみではなく、ほんとうに素直に。

気の合う仲間がいなくても、社会活動ができないわけではありません。無理して仲間をつくるくらいなら、一人でいたほうがいいと思うのです。

「仕方なく一人」という〝消極的な孤独〟でも、一人だからこそその楽しみや喜びを見つけていけば、〝積極的な孤独〟にシフトできます。自由を手に入れて、正直に振舞うことで、ほんとうに気の合う人が近づいてくるようになるのです。

いままでは、友人や仲間とお花見に行くことがありますが、それはそれで楽しく、幸せなことです。だれかといたいときは一緒にいればいいし、一人でいたいときは一人でいればいい。孤独を覚悟すれば、どちらも楽しむことができるのです。

NO. 21

「自分は取り残されている」と感じるあなたへ

人は人、自分は自分。あなたができることに専念してください

「自分は取り残されている」という感覚は多くの人が感じるもの。就活のときはまわりがどんどん内定をもらうのに自分だけが取り残されている気がしたり、会社に入ったら新人のなかで自分だけが成果を残せていない気がしたり。専業主婦になった友人は「社会との接点がなくて自分だけ取り残されているみたい」と嘆いていましたっけ。

私は30歳前後のときがいちばん「取り残されている感」がありました。

同級生はつぎつぎに結婚、出産していき、そうでない人も仕事のキャリアをしっかり築いている。私はなにも手に入れていないと焦る気持ちもありました。

まるで、みんなが乗るバスから置いてきぼりにされたように、「え？ 私だけ？ 私のなにがいけないの？」と孤独と不安で心細くなった感覚、いまも覚えています。

でも、いまならわかるのです。「みんなが乗るバス」なんて〝妄想〟だということが。「取り残されている」というのも「そんな気がする」だけで、大きな勘違い。だれもが一人ひとり、まったくちがう人生をそれぞれのペースで歩んでいるのです。

「取り残されている感」があったのは、自信がなかったこと、自分のやりたいことや目標がなかったこともありますが、子ども時代からのクセで、人と比べ、人の評価に頼って生きていたからでしょう。

「取り残されている感」が襲ってきたときに、「人は人、自分は自分。自分にもできることがある」と自分に言い聞かせるようにしてから、少しずつなにかが変わり始めました。「他人からどう思われるか」ではなく、「自分がどうしたいか」で選ぶようになり、自分への挑戦を増やしていったのです。

「取り残されている感」があるときは、他人を基準にしているため、自分は「欠けている」という意識でいっぱいになっているもの。まずは、これまでなんとか生きてきた自分をほめてあげませんか。そして、自分が「もっているもの」に目を向けると、可能性は広がっていきます。まだまだ自分にはできることがあると思えてくるはずです。

NO. 22

「〝陰キャ〟で親しい人をつくるのが苦手」というあなたへ

コミュ力を磨くよりも、自分の〝好き〟に素直でありましょう

「陰キャ」とは、陰気なキャラクター（性格）の略。内向的、暗い、地味、友だちが少ないなど「陰キャ＝孤独でさびしいヤツ＝直したほうがいい性格」と、ネガティブなイメージでとらえられることが多いものです。

陰キャを自覚している人は、親しい人をつくるのが苦手なために、もっとコミュニケーション力を磨かなきゃと自分にプレッシャーをかけているのではないでしょうか。

たしかに、すぐに人と仲良くなったり、みんなでワイワイ騒いだりする「陽キャ（陽気なキャラクター）」の人は魅力的。明るく人気者でかわいがられたり、慕われたりするために、人として優（すぐ）れていると思われるかもしれません。

しかしながら、「陰キャ＝直したほうがいい性格」というのは大きな勘違い。ただ、

内向的な人、外向的な人がいるだけで、どちらが優れているわけでもないでしょう。

陰キャな人は、人との交流を避けて一人で過ごすことが多いものですが、それはそれで一人の時間を楽しんでいます。**自分の好きなものに夢中になれるとしたら、さびしいヤツではなく、むしろ、幸せな人なのです。**

象徴的なのが、「オタク」と呼ばれる人たち。だれがなんと言おうと、自分の〝好き〟に突き進むエネルギーは、計り知れないものがあります。友人にも、アイドルオタク、プロレスオタク、歴史オタク、レゲエオタクなど、さまざまなオタクがいます。

そんな人たちは、趣味が合う者同士で情報交換をしたり、ＳＮＳで発信をしてつながったり、まわりから一目置かれて頼られたり……と、自然につながりができていきます。

陰キャな人は、コミュ力を磨いて仲良くなろうとするよりも、自分の〝好き〟に素直になって、思う存分、楽しんだほうが幸せで、気が合う人も見つかりやすいもの。

「親しい人」というのは、狙(ねら)ってできるものではありません。陰キャだからこそ、互いに心地よくてほっとできる関係をつくり、無理なく続けていくこともできるのです。

NO.
23

「頼れる人がいなくて孤独」というあなたへ

〝孤独力〟を上げれば、孤立して困った状態を防げます

「頼れる人がいなくて孤独」という声はあちこちから聞かれます。

「職場に困ったことを相談できる人がいない」「ワンオペ育児で、サポートしてくれる人がいない」「一人暮らしで病気のときに助けてくれる人がいない」「辛いときに悩みを聞いてくれる人がいない」「家族がいなくて老後に頼れる人がいない」などなど。

そんな相談をされたら、多くの人は「いざというときに困らないよう、頼れる人をつくっておきましょう」「どんどん人に頼りましょう」とアドバイスするでしょう。

もちろん、助けてくれる人がいるのは心強いもの。ですが、むやみにあてにしていると、あてが外れて逆に孤独に陥る……ということにもなりかねません。

まずは、「自分には自分を助けてあげられる力がある」ということに気づいてほし

いのです。頼る人がいないというと、孤独、さびしい、不安、自己否定……と、ネガティブな情緒と結びつけてしまいがち。でも、そのときどきで「自分で解決できることは自分でする、できないことは他人に委ねる」と現実的に解決するだけの話なのです。

台湾人の恩師は、日本に幼子を連れて一人で留学したとき、知り合いが皆無。公民館の掲示板に「ベビーシッター募集」の貼り紙を出して、応募してきた高齢女性に数年間、ボランティアとしてお世話になっていたとか。必死になんとかしようとしているときは、「頼れる人がいなくてさびしい」などと嘆いている場合ではないのです。

私も「本を書く」という作業も、会社経営も一人でやっていて、たいへんだと思うことがあっても、孤独を感じることはほとんどありません。むしろ、気楽で満足感、幸福感が大きい。困ったときには「だれか教えて」「ちょっと助けて」「話聞いて」と頼ることも含めて知恵と工夫で解決します。特別な相談役がいなくても、**そのときどきで道を尋ねるように、広い範囲で詳しそうな人に頼ってもいい**のです。

「自分でなんとかする」の積み重ねは、〝孤独力〟になり、生きる筋力になっていると感じます。自分の心と体を守るために、まず自分自身を頼ってください。

NO. 24

「身近な人」に対して、さびしさを感じるあなたへ

わからなくてあたりまえ。言わなくてもわかるだろうは甘えです

母と娘のどちらからも「どうして娘（母）は私の気持ちをわかってくれないのか？」と相談を受けたことがありました。

娘は「お母さんは私の生き方を認めてくれない。自分なりにがんばろうとしている娘の気持ちがわからないのだ」と泣き、母は「娘のことをわかっているから、反対している。どうして心配する母の気持ちがわからないのか」と興奮ぎみに訴えるのです。

母親としては、生まれたときからずっと身近にいて、一緒に泣き、一緒に笑い、性格も好き嫌いも、得手不得手も全部わかっているはずの娘に「わかっていない」と言われるのは心外。さびしさを通り越して怒りがこみ上げてくるのでしょう。

でも、娘は母親が自分をまるごと受け入れてくれないのを肌で感じているのです。

「なんでわかってくれないの？」の原因は、相手ではなく、自分にあることが大半。「親ならいつかわかってくれる」「子どもなら親の気持ちがわかるはずだ」と相手が変わることを期待してしまうものですが、往々にしてその期待は裏切られます。

相手に期待しなくてもいいし、相手の期待に応えなくてもいいのです。

どれだけ近くにいても、相手の気持ちが１００％わかるということはありません。

「人間、わかり合えるものだ」ではなく、「人間、わかり合えないのがあたりまえ」という前提に立てば、肩の荷が下りて、余裕の気持ちでそのまま受け止められるはず。

「上司に仕事が多すぎることを伝えているのにわかってくれない」「夫は私のさびしい気持ちをわかってくれない」「言わなくても察してくれるはず」というのは、厳しいようですが、甘え。相手に伝わる言い方でなければ、わかってもらえないのです。

「わかり合えないのがあたりまえ」だからこそ、相手の立場になって気持ちを想像し、なんとか理解してもらえるように苦心するもの。わからないからこそ、寄り添い、少しでもわかり合えたことに喜びを感じるのです。

「わからなくてあたりまえ」から始めることが、理解し合える最短の道なのです。

NO.
25

「一生、恋人ができる気がしない」というあなたへ

恋人がいてもいなくても、幸せになることはできます

「結婚しないかもしれない症候群」という言葉が流行(はや)ったのは30年ほど前。ほとんどの女性が結婚退職する時代、仕事で活躍する女性もちらほら出てきて「結婚しない選択肢もある」と考え始めたのです。現代は「おひとりさま」がすっかり定着し、結婚どころか「一生、恋人ができる気がしない」という人も激増した感覚があります。

一人身の快適さを知って、「一人でもまったくOK」「むしろ、一人が好き」と一人の生涯設計をし、仕事や遊びを存分に楽しむ人も、いさぎよく感じます。

ただ、どんな生き方も選べる時代なのに、「恋人がいないから孤独」「このまま一人で生き抜けるか不安」と焦燥感を抱えている人は少なくありません。

では、一人でも幸せになれる人と、幸せになれない人は、なにがちがうのでしょう。

まず、ひとつ目のちがいは、いまの状態を「じゅうぶん足りている」と思うか、「欠けている」と思うか。**一人でも幸せな人は「いま、ここ」から楽しみや喜びを見つけようとします。「休日が楽しい」「仕事が面白い」と満足し、堂々としています。**

対して、一人で幸せになれない人は「幸せは家族や恋人がいてこそ」「一人では生きられない」と思い込んでいます。足元の幸せに目を向けられず、欠乏感があるため、どこか自信なさげで、不安、不満げに見えるのです。

もうひとつのちがいは、自分のやりたいことに熱中しているかどうか。

一人でも幸せな人は「自分が好きなこと、大切にしたいこと」をわかっていて、それに時間をかけています。一人で幸せになれない人は、人に合わせることが多く、自分の気持ちが迷子になっているのではないでしょうか。

「自分は家族が欲しい」「一度くらいは恋人が欲しい」のなら、その方向に動けばいいでしょう。でも、「家族や恋人がいなければ幸せになれない」というのは大きな勘違い。「ど形にこだわらない、いろいろなつながりのなかにも、愛や、やさしさはあります。「どんな状態でもＯＫ」とゆるく気楽に構えて、いまある幸せにも目を向けてみませんか。

NO. 26

「必要とされない孤独」を感じるあなたへ

じっとしているとロクなことはありません。動いて忙しくしましょう

「子どもが独立して、気が抜けちゃった。だれからも必要とされていない気がするの」とは、50代60代の女性から聞こえてくる孤独。ある女性は娘に「お母さん、これまで家族のためにがんばってきたんだから、これからは自分のために生きて」と言われたものの、やりたいこともなく、娘に突き放されたようでさらに落ち込んだとか。

子どもが巣立ったあと、心にぽっかりと穴が空いたようになる感覚は「空の巣症候群」と呼ばれ、とくに子育てに専念してきた人ほど陥りやすいのです。

中高年だけでなく、若者のなかにも「自分は必要とされていない」と嘆く人もいます。多くは経済的な余裕も、時間の余裕もあり、生活に困らない状態。だからこその欠乏感があり、「なにを目標に生きればいいのか」と力が入らないのでしょう。

お金や時間があるから幸せになれるというわけではなく、**夢を追いかけて悩んだり迷ったりしながら夢中で生きている状態のなかにも幸せはあるのでしょう。**

空の巣症候群の人は、早い段階から自分の道を模索するといいのですが、すでに必要とされていない孤独に陥っていたら、ともかく動いてみることをおすすめします。

ヒマを持て余してじっとしていると、ロクなことは考えないものですから。

「人生があと1年だったらなにをするか？」と仮定して少しでも興味があることをリストアップし、片っ端からやってみるといいでしょう。動いていれば「もっと深めてみたい」「もっと大きな挑戦をしたい」と思うことが出てくるかもしれません。

もうひとつおすすめなのは「余計なお世話をすること」。大量にジャムを作って配る、高齢者の買い物を手伝う、公園に花を植える、小学生の登下校のサポートをする……これらは友人たちがやっていることで、たいへん喜ばれています。孤独に陥っていたある若者は、災害ボランティアに参加して、逆に自分が救われたとか。

人が喜んでくれることを、生きがいにできたら、ほんとうに幸せなこと。そこそこ忙しくなり、さびしさを感じるヒマもなくなるはずです。

NO. 27

「老いのさびしさと不安に耐えられない」というあなたへ

与えられた命に感謝し、これからの自分に期待しましょう

「老いる」ということは、さびしさ、孤独、不安、失望といったネガティブな感情がくっついてきがち。かつて高齢者施設にいる母に会うたび、記憶が失われていくこと、体の機能が衰えていくことに、胸が締めつけられるようになったことがありました。

そんなとき、母が「90歳近くになったんだから、生きているだけでもうけもの。前の世代ならとうに死んでいたわ」と言って、大笑いしたのです。

元気なときと比べて「失われる」と考えるから、さびしい。でも、いま、母が生きていることが「ありがたい」と思えて、私もふっと楽になったのです。どんな状態でも、いまの瞬間の母に向き合って、一緒に過ごす時間を大切にしていこうと。

50代60代でも「歳をとってお金は大丈夫なのか」「病気になるかも」「孤独死したら

どうしよう」と老後の心配ばかりしている人がいます。

でも、心配する時間がもったいない。どの瞬間も〝本番〟なのですから、いまを楽しまなきゃもったいないのです。その年齢、その瞬間での楽しみ方があるのですから。

人生の一人旅の終盤は、見るもの、聞くもの、触れるものがさらに味わい深く、孤独の楽しさを極めていけるはず。体の変化、心情の変化も受け入れながら「そのときになったら、どんな景色が見られるのか」といった楽しみもあるのです。

日本画家の堀文子（ほりふみこ）さんは、49歳で自然のなかに移住、70歳でバブル狂乱の日本に嫌気がさしてイタリアに移住、81歳でヒマラヤに咲くブルーポピーを求めて旅し……と人生の後半、動き続けました。83歳で大病をしたあとは出かけられなくなり、「これからなにに感動できるか」と模索して、顕微鏡で見る微生物の神秘を描くように。

そのころ発せられた「この先、どんなことに驚き熱中するのか。私のなかの未知の何かが芽を吹くかも知れないと、これからの初体験に期待がわく」という言葉は、私たちはいくつになっても自分に期待することができると教えてくれます。

いまを夢中で楽しむことが、あとで見る最高の景色になるのではないでしょうか。

NO. 28

孤独に強い人の3つの性質とは……

「正直」「好奇心」「楽観的」でさびしさを遠ざけましょう

孤独感とは、一人でいるか、人と一緒にいるかにかかわらず、「自分は一人だ」と感じる心理状態のことですが、それを「さびしくて耐えられない！」と重く悲観的に受け止める人もいれば、「どうってことないでしょ」と軽やかに受け止める人もいます。後者の人たちは、孤独をあまり感じることがなく、感じてもダメージが少ない。つまり、心の風邪をひかない〝免疫力〟があるのです。

そんな「孤独に強い人の3つの性質」をご紹介します。

まずひとつ目は、「正直」であること。「私はこれが好き」「あれが欲しい」「それはいらない」と自分の感覚に従って選択し、基本的に「人は人、自分は自分」だと思っているので、人とちがっていても気にならず、孤独感が薄いのです。

いい顔をして相手に合わせたり、我慢してまわりに従ったりしていると、相手にも「もっと～してほしい」と期待するようになり、逆に孤独を感じやすいはずです。

2つ目は、「好奇心」が旺盛であること。「ワクワクする」「面白い」「知りたい」「見てみたい」「やってみたい」と、いつも興味があることに熱中しているので、孤独を感じているヒマはありません。**たとえ、「今日はちょっとさびしい」と思っても、次の日には楽しいことを見つけてしまうので、気持ちの切り替えが早いのです。**

反対に、好奇心が乏しい人は「なんか楽しいことないかなぁ」「つまらないなぁ」と受け身なので、心にぽっかり穴が空いたような感覚に陥りやすいわけです。

そして、3つ目は「楽観的」であること。思い通りにいかなくても「ま、いっかー」、相手が期待に応えてくれなくても「しょうがない」と楽観的に考える人は、現実を明るく肯定的に受け止めて、悩みにくいもの。逆に悲観的に考える人は「そんなの嫌」「あの人はひどい」と執着するので、欠乏感でさびしさが続くのです。

「正直」「好奇心」「楽観的」を意識するだけで、孤独に陥ることが劇的に減るだけでなく、〝幸福体質〟になることは間違いありません。

NO. 29

あなたの人生は、まったく間違っていません

「素敵な家族像」「楽しい仲間像」に縛られていませんか？

40代の女性から、さびしさが滲(にじ)んだメッセージをもらいました。

「友だちはみんな結婚していったのに、自分だけ一人取り残されました。誕生日にわいわい過ごせる仲間もいない。私の人生、どこで間違ったんだろうと悲しくなります」

「あなたの人生は、まったく間違っていません」というのが私の返事。

人生に正解も間違いもないのですから。

彼女の孤独感は、なんとなく刷り込まれた「幸せな人生」のイメージや、理想の「素敵な家族像」「楽しい仲間像」からきているのではないでしょうか。

「結婚したら幸せになれる」「誕生日にわいわい過ごせる仲間がいたら楽しい」というステレオタイプの〝幻想〟に執着して、「孤独な自分」を否定し続けているのです。

「孤独」はさびしくて、悪いものだというイメージもあるのでしょう。

でも、本来、「孤独」は人としてあたりまえのこと。孤独をよしとするのは、成熟した大人の証なのです。他人にむやみに寄りかからず、「私は私ですから」と一人で胸を張って立っている姿は、かっこいいではありませんか。

結婚したらしたで不満も出てきます。「夫（妻）と趣味が合わず、休日も別々」「話を聞いてくれない」といった孤独も、理想の夫婦像に縛られすぎているからです。

期待するから、裏切られる。「お互い好き勝手やっているけれど、それで幸せだからいいじゃない」「あんまり会話がないけれど、面倒くさくなくていいかな」と現実を肯定的にとらえて、自分たちなりの心地よい関係をつくっていけばいいでしょう。

孤独のイメージをポジティブに書き換えて、「ありたい自分」を設定し直してみませんか。「こんな自分もいいかも」と別な方向にも可能性を広げてみるのです。

かつて50代の女優さんが「毎年、誕生日は一人で過ごすって決めています」と言っていて、「こんな孤独も素敵だな」と思ったことがありました。うつくしく、かっこいい孤独をお手本のひとつとして「ありたい自分」を考えるのもいいかもしれません。

NO.
30

完全な孤独など目指さなくていい

「人といたい」「一人でいたい」、どちらも人間の本能です

「人といたい」という気持ちは本能からくるものですが、一方で人間のなかには「一人でいたい」という気持ちも本能としてあります。

どんなに気の合う友人や、大好きな家族と一緒でも、一日中、何日も一緒にいると疲れるはず。「たまには一人でゆっくりしたい」と思うのではないでしょうか。

人といるかぎり、なにかしらの期待に応えようとするもの。一人でいると、心も体も解放されるのです。社会生活をしているかぎり、「完全な孤独」などなくて、私たちは「人と一緒の自分」と「一人の自分」を行ったり来たりしながら暮らしています。

そのバランスが大事で、育児や介護で疲れた人が「たまには一人でお茶しに行きたい」と思うこともあるし、コロナ禍のリモートワークでずっと一人で自宅で過ごして

いると「たまにはだれかと話したい」と思うでしょう。

一人でいたいときは一人でいればいいし、人といたいときは一緒にいればいい。**自分の気持ちに従って「適当に一人、適当に一緒」で動いていけばいいのです。**

問題なのは「みんながそうするから」「一人は恥ずかしい」などと自分を縛ってしまうこと。職場のランチも、一人で食べたいときはそうすればいいのです。

かつて「アリカワさんは孤高の人ですね」と言われて、びっくりしたことがありました。たしかに、まわりから見ると、なににも属さず、一人で旅するようにふらふらと生きているので〝孤高〟と思われたのかもしれません。

でも、ものすごく多くの人にお世話になり、仕事や遊びなど、人と一緒に楽しみたいこともあるので、一人きりで戦う孤高を目指しているわけではないのです。

「一人でも、一緒でも楽しめる人はいいな」と思ってきましたが、歳を重ねるほど、一人の時間が増えてきました。自分が際立って、わがままになったのかもしれません。

先のことはわからず、いつかだれかと一緒にいたいと思う可能性もありますが。

「適当に一人、適当に一緒」のバランスは、自然の流れで決めていいのです。

NO.
31

そのさびしさ、幼いころの孤独が原因かもしれません

さびしかったあの日の記憶を書き換えましょう

ずいぶん昔のこと、仕事でも恋愛でも「いい人」であろうとして、へとへとに疲れ、結局、自分から離れていく……を繰り返していたことがありました。

仕事で相手を優先するのは気を使う性格だから、恋人と離れたくないのは愛情があるからだろうと解釈していたら、セラピストである友人にこう言われたのです。

「幼いころ、すごくさびしかったことはない?」

心当たりがありました。両親が共働きで家にだれもいないことが多く、暗闇の公園で、一人しくしく泣きながら砂遊びをしていた自分の姿が浮かんできたのです。

その瞬間、幼いころに戻ったように胸がぎゅっと苦しくなって、大人の私も号泣。

友人は、まるで子どもの私に語りかけるように、やさしくつぶやきました。

「大きく深呼吸して、体をゆるめて。さびしかったね。**でも、もう大丈夫。だって、あなたは大人になって一人でも生きていけるし、自分で自分を幸せにできるんだから**」

それから、ふっと秋風が吹き抜けるようにさびしさを感じたとき、私は自分にその言葉をつぶやくようにしました。すると、さびしいという記憶は自分でつくった〝妄想〟で、ほんとうはたくさんの愛があった、「いい人」でなくても見捨てられない、自分は自分のままでいてもいいと思えてきて……。いつの間にか、疲れるほど気を使うことがなくなり、自分の気持ちを最優先するようになりました。

子どもが初めて保育園に行くとき、大抵は「ママ（パパ）と離れるのは嫌だー、一人じゃ怖いよー、不安だよー」と泣き叫びます。でも慣れてくると、ママがいなくても楽しく遊べることを知って、「バイバーイ」と自分から飛び込んでいきます。

仕事で指摘されたことに深くダメージを受けたり、言いたいことを言えなかったり、恋人や友人が一緒にいないと、たまらなくさびしくなるようなら、幼い日のさびしさが心と体に残っているのかもしれません。深呼吸して「もう大丈夫」とやさしく癒やしてあげてください。私たちは、自分で自分を幸せにできるのです。

NO.
32

さびしいときの正しい過ごし方①

どうしてさびしいのか、問いかけましょう

さびしいときは、自分の本音を聞き出すチャンスです

夜、なんとなくさびしいとき、家族と心のズレを感じたとき、仕事で認めてもらえず落ち込んでいるとき……。さびしいときに、あなたはどう過ごしていますか？

さびしさを紛らわそうとお酒を飲んだり、気晴らしに買い物をしたり、やけ食いをしたり、人に愚痴りたくなる人もいるかもしれません。

しかし、「もう耐えられない！」という深刻なレベルでなければ、さびしさから目を背けるのではなく、「どうしてそんなにさびしいの？」と考えてほしいのです。

孤独とは、自分しか話をする人がいないということ。〝もう一人の自分〟が親友の相談にのるように、さびしさの裏に隠れていた本音を聞き出すチャンスなのです。客観的に自分についての理解を深めて、自分を幸せにするヒントを見つけられるはず。

さびしいのは、自分の期待するものと現実にギャップがあるからですが、「どうしてさびしいの？」という問いかけをすると、つぎつぎに「ほんとうはどうなりたい？」「いま欠けていることはなに？」「いや、待て。ほんとうに欠けているのか？」「自分がもっているものはない？」「いまできることはない？」と問答が続くでしょう。

すると、「やっぱり、人と話さないとさびしいよね」「たまには弱音を吐いていいんじゃない？」「人の言うことは気にしなくていいよ」と勝手にいろいろと考えます。

漠然と思っていることをノートなどに書きなぐってみるのもいいでしょう。

気をつけるべきは、けっして自分も他人も責めないこと。解決をしようとしないこと。なんとかしようとすると、さらにストレスがかかり、頭がもつれてきます。

「さびしかったけれど、よくがんばったね」と自分を労い、本音を聞き出したら、どうしたいのかも少しずつ見えてくるでしょう。

さびしさをごまかさずに、自分の心を外側から「そっか、さびしいんだ」「不安にもなるよね」と見つめるだけで、さびしがっていた感情は和らぐのです。

NO.
33

さびしいときの正しい過ごし方②

一人でできる楽しみをもっておきましょう

〝いま〟に丁寧に向き合ううちに、さびしさが遠のきます

「さびしさの理由はわかっているけれど、どうすることもできない」「失恋をして、心にぽっかり穴が空いている」などといったときは、ヒマを持て余していると、元気なときは考えないようなネガティブな思いが数珠つなぎにわいてくるものです。放っておくと、自己否定や後悔などで自分を傷つけることになりかねません。

さびしさと上手につき合うために、一人で夢中になれることや癒やされることをやってみてはいかがでしょう。

たとえば、体を動かすこと、土いじりなど自然に触れること、目標をつくって学ぶこと、新しい料理に挑戦すること、ゆっくりお風呂に浸かること、ぐっすり眠ること、部屋の模様替えや掃除、気ままな一人旅、散歩など、自分に合うものをいくつか

もっておくといいでしょう。

私のおすすめは、ひたすら音楽、映画、読書などエンタメ漬けになること。映画やドラマは、明るく元気なものよりも、さびしい心に寄り添ってくれるようなテーマが落ち着きます。私は先日、死んだ人に一度だけ会わせてくれるという映画を観てボロ泣き。散々泣いたあと、なぜかスッキリ心が洗われたような気がしたのです。心の奥でうずいていた感情が癒やされたのかもしれません。

読書は、孤独な時間の強い味方です。そのときの気分で小説、エッセイ、ビジネス書、写真集などをパラパラとめくることもあれば、じっくり読むこともあります。

本のなかの著者と対話するように読んでいると、新しい視点、考え方が自分のなかに入ってきて、自分のさびしさも「そんなに悩むほどのことではないか」「明日は明日の風が吹くだろう」なんて思えてきます。

好きなことを好きなようにやるのは、孤独の特権。一人の喜びを感じながら〝いま〟に丁寧に向き合っているうちに、孤独とのつき合いにも慣れていくのではないでしょうか。

NO. 34

さびしいときの正しい過ごし方③

無性にさびしいときは、だれかと話すだけで救われます

孤独をちゃんと生きていても、慰めがほしいことはあります

両親の介護のために仕事を辞めた友人が、「泣き言を言ってはいけないとわかっているけれど、ときどき無性にさびしくなる」と言っていたことがありました。

「遠くにいるから手伝えないけれど、話を聞くことはできるよ」と私。

友人は自分の孤独を少しだけ話し、あとはたわいない世間話。それでも「なんか落ち着いた。またがんばるよ」と喜んでくれました。**ほんとうに辛いときは「だれかが自分の話を聞いてくれた」というだけで救われるのです。**

またあるときは、公園で見知らぬ老人に声をかけられて、数年前に妻に先立たれたという話を聞かされました。よっぽどだれかと話したかったのでしょう。

「無性にさびしくてね。このまま死んでもいいかな、なんて思っていたんだ。話を聞

いてもらえて命拾いしたよ」と冗談っぽく笑っていましたが、冗談ともとれず……。

ときどき、その老人のことを思い出しては、元気でいることを祈っているのです。

「無性にさびしい」という言葉は、心の底からの重い響きがあります。自分の役割を全うしようと孤独のなかを生きていても、人は慰めや励ましが欲しいのです。

話を聞いてもらうことは、自分の存在を認めてもらった、受け入れてもらった、とそれだけで慰めになるもの。アドバイスや解決策などなくてもいいのです。

応急処置として、ＳＮＳでやり取りをしたり、有料の電話相談を利用したり、現代だからこそのつながりを利用するのも手。見知らぬ相手だから話せることもあるかもしれません。ただし、さびしさを抱えた人は、やさしく話を聞いて、なにかを奪おうとする策士（さくし）のカモにされることもあるので気をつけて。

身のまわりで孤独の沼に落ちる人がいないよう、普段から声をかけ合ったり、たわいないおしゃべりをしたりすることは、人間関係が希薄になった現代では必要なことだと思います。さびしいときは「さびしい」「辛い」「疲れた」と言ってもいいのです。

やせ我慢せず、恥ずかしがらず、躊躇（ためら）わずに人と交わる勇気をもってください。

NO.
35

さびしいときの正しい過ごし方④

新しい日常を見つけて、少しずつ慣れていきましょう

別れのさびしさは「時間薬」が有効です

親やパートナーなど身近な人が亡くなると、最初の半年から1年くらいはときどきふっと思い出しては、喪失感が襲ってくるものです。どんな関係性であろうと、つながりがなくなるということは、自分の一部が失われたような感覚があります。

思い切り泣いてもいいし、思い出に浸ってもいいのです。悲しい、さびしいと思うのは、以前、大切なものをもっていたということ。「失った」ではなく、「与えられていた」と考えると、さびしさを感謝に置き換えられるでしょう。

そんなとき、時間は有効な薬。1年もすると、さびしさは癒え、その人のいない日常に慣れてきます。新しいつながりもできて、現実の世界を優先するようになります。薄情なのではなく、それが自然で望ましい姿。いつまでも過去の〝幻想〟に取りつ

かれて、めそめそしていたら、生きてはいけないのです。

ここ数年、夫と死別する友人が何人か出てきました。興味深かったのは、彼女たちがみな1年ほど経ってから、家のリフォームや建て直しを始めたことでした。

「快適な一人暮らしができるよう、自分の理想の家を実現したの。近所の人が集まれるようバーベキュースペースと、トレーニングジムも完備したわ」と、ある友人。

大切な人との日常が失われても、新しい日常に積極的に置き換えることで、過去のことはいい思い出として消化していけるのです。友人はこんなことも言っていました。

「夫が生きていたときは面倒な人だと思うことがあったけれど、いまはいいことしか思い出さない。なんとなくいつも一緒にいる気がするのよ」

喪失感はあっても孤独感がないのは、自分でなんとか生きていける自信があるから。逆に生活面や精神面で頼り切っていた人は、激しい孤独感と不安に蝕まれるはずです。

パートナーと死別したあと、女性は元気になり、男性は元気がなくなるといわれることがありますが、強そうでいてじつは甘えていた男性ほど弱いのかもしれません。

「感謝」「時間薬」「新しい日常」でさびしさを癒やし、いまを生きていきましょう。

NO.
36

つながりを意識すると、孤独を感じません

目に見えなくても、与え合う関係があるのです

私がいま、あまりさびしさを感じずにいるのは、強いからでも、他人に期待しないからでもありません。

ひとつの理由は、「一人だけれど、一人ではない」という感覚がつねにあるからだと思うのです。目には見えなくても、じつは膨大なものとつながっていて、なにかしら影響を受け、支えてもらっている感覚です。

たとえるなら、一本の木が自力で立っているように見えて、太陽、水、動植物など、地球上のすべての生命体が関連し合って、ひとつの命をつくってくれているように。

寒さ、風、天敵などのマイナスの要因が、たくましく育ててくれることもあります。

子どものころ、仏壇に手を合わせるとき、父はよく、こうつぶやいていました。

「ご先祖さんのだれが欠けても、自分はいなかった。みんなが懸命に生きて、命をつないでくれたことを考えると、自分だけの命じゃないと、背筋がしゃんと伸びるんだ」ときどき、その言葉を思い出すたび、あたたかいもので守られているような、心強い気持ちになってきます。

また、ある尊敬する人にこう言われたこともありました。

「明るい電灯の下で本が読めるのも、平和な環境で暮らせるのも、先人のだれかがなにかを置いていってくれたから。この世界を少しだけよくして、逝(い)けたら幸せよね」

いまの私たちの生活は、過去に生きただれか、いまを生きるだれかの力で成り立っていて、いつも完ぺきに与えられています。

自分もだれかの力になれるのではないか？　だれかを笑顔にできるのではないか？と、自分から与えることを考えていれば、孤独感なんて吹き飛んでしまうでしょう。

先人やまわりの人に「ありがとう」と感謝すること、小さくても自分ができることを探すことを習慣にしてみてください。

孤独のなかにあっても「一人だけれど、一人ではない」を実感するはずですから。

第3章

孤独こそ、自由で幸せな生き方

孤独を歓迎すると、
たくさんの効用があります

NO. 37

自分の楽しみや喜びを見つけやすくなります

答えはいつも自分の外側ではなく、自分の内側にあります

多くの人は「孤独なんてみじめでさびしい」と孤独から逃げ回っているかもしれません。しかし、ほんとうは孤独だからこそ、幸せになれる。いえ、逆にいうと、**幸せでありたいと真剣に考えるならば、孤独でなければいけないのです。**物理的に一人であろうと、家族や友人がいようとも。

第3章では、孤独に生きようとする人が獲得する、すばらしき〝ギフト〟についてお伝えしていきましょう。

なんといっても最大のギフトは、自由であること。基本、「人は人、自分は自分」と思っているので、やりたいこと、ほしいものなどを自由に考えて、自由に動きます。

そのため、自分にとっての楽しさ、喜びを見つけやすいのです。

孤独になりたくない人は、人とつるむことや、同調することで安心するので、いつも自分の外側に答えを求めます。仕事も遊びも生き方も、自分が「どうしたいか」よりも、人から「どう思われるか」で選んでしまう。楽しいことよりも正しいこと、面白いことより、ラクで失敗しないことを優先してしまうわけです。

たとえるなら孤独な人は一人旅、孤独になれない人はツアー旅行をしているようなもの。一人旅は面倒なこともあるけれど「歴史好きなので、古い建築物を探訪したい」と何でも自分で決められます。対してツアー旅行は、ラクだけれど行き先を他人に委ねているため、「土産物屋には行きたくない」と思っても従わざるを得ないのです。

私が「孤独な人」としてリスペクトしているのは、トーベ・ヤンソンの『ムーミン谷の夏まつり』（講談社）に出てくるスナフキン。彼は孤独と自由を愛する旅人で、気ままにさすらい、人に縛られることを嫌います。彼の名言でいちばん印象的なのは……、「大切なのは、自分のしたいことがなにかを、わかってるってことだよ」。

それこそがすべての道標。答えはいつも自分のなかにあります。孤独な人は自分の心が求めるものをどこまでも追いかけて、その道中も楽しめるのです。

NO.
38

心穏やかに「いま、ここ」に向き合えます

リラックスしていまに集中できることは、〝無我〟の境地です

孤独に生きる人が獲得するギフトの2つ目は、心穏やかに「いま、ここ」に向き合えるということです。

みんなでわいわい楽しんだり、人に称賛されたりする「みんなのなかの自分」が主になっている人は、つねにその場に〝同化〟することに忙しく、頭の中もざわざわとした雑音でいっぱい。一人でいるときも「あの人はどうして嫌な言い方をしたのか」「私はダメなヤツだと思われたのでは」など、「いま、ここ」にないことを考える時間が膨大なのです。

孤独になりたくないから人を求めるのに、まわりの反応に一喜一憂して逆に孤独になってしまう。あれこれ考えすぎて、ほんとうに忙しい。

孤独を生きる人は、人と一緒の楽しさも心強さもわかっているけれど、あくまでも基本は「一人」なので、むやみにつるむことをしません。**だれにも邪魔されない時間を大切にして、心穏やかに「いま、ここ」を楽しむのです。**

ソロキャンプ、一人カラオケ、一人焼肉などが定着していったのも、「みんなと一緒の自分」に疲れた現代人の心の表れでしょう。一人だとまわりに気を使わず、リラックスしてそのことだけに没頭できる。孤独の心地よさにハマるのも理解できます。

「いま、ここ」を楽しむことは、仕事や日常のなかでも心がけることができます。

私の書斎には、種田山頭火(たねださんとうか)の句「水音　けふもひとり　旅ゆく」と書かれた額が飾ってあります。未来の心配や過去の後悔、他人のことなどの雑音に耳をふさいで、心穏やかに目の前のことに集中すると、かすかな水音が聴こえてくるように、そこから楽しさや喜び、感動、気づきを感じ取ることができるのです。

現代人はやるべきことで忙しく、先のことに意識が向きがち。仕事をするときは仕事を楽しむ、料理をするときは料理を楽しむ……というように、一瞬一瞬を、一日一日を丁寧に味わおうと心がけることで、幸せを感じやすくなるのではないでしょうか。

NO.
39

主体的に決めるのでストレスが少なくなります

「すべて自分で選んでいる」と思えば、ストレスも怖くない

衣料品店の店長をしていたころ、上司からの重圧と、部下からの突き上げの板挟みで押しつぶされそうになっていました。しかも連日、深夜まで働くブラックな仕事環境。同期の店長のほとんどが心と体を壊して辞めていきました。決定権はないのに責任だけは重く、逃げ場のない「中間管理職の孤独」に耐えられなかったのです。

人は「辛いけれど、従わなければ」などと他人にコントロールされている状態が続くと、ストレスで疲弊していくものです。

私はあまりにも辛かったので「嫌ならいつでも辞めていい」と考えることにしました。すると、「いやいや、私は自分の目的があってここにいる。自分のために投げ出したくない」「どうせなら日本一の店長になってやろう」と心が前を向いたのです。

「すべて自分で選んでいる」と主体的に考えると、逃げ場がないなんて〝妄想〟であり、だれも自分を縛っていないし、支配してもいないことがわかります。

同じ行動でも、「〜しなければ」と他人に従うと不快なストレスになりますが、「よし、やってやろう」と自分で決めたことは心地よいストレスになるのです。

優れた仕事人がしんどい孤独のなかにあっても、弱音を吐かず、むしろ楽しんで取り組むのは、自分で決めた目標と責任感があるからでしょう。

幸せな孤独を生きる人は、いつも「主体的」に考えて動きます。

組織の目的と、自分の目的を切り離して、自分に合った方法を考えていく。まわりの意見や、会社の指示を鵜呑(うの)みにせず、「それっておかしくない？」「ほかに方法があるんじゃない？」と自分軸で問題に向き合うので、逆に信頼されるのです。

私は一日のすべてを「したいことしかしない」と決めています。もちろん、社会生活を送る以上、人に合わせることも、意見に従うこともありますが、「自分がそうしたいからやっている」と納得すれば、あまりストレスがないのです。

自分の目的をもつこと、主体的に選ぶことは、孤独を生きる人の必須条件です。

NO.
40

人をまるごと受け入れる度量をもてます

待つことができるのは、余裕のある大人の特権です

自分の生き方をもっている人は、まわりがどんな状態であろうとも、「あら、そうですか」と大騒ぎせずに受け入れる心のやわらかさがあります。

30年以上、夫と離れて暮らしている友人がいます。子どもが幼いころから夫は単身赴任で、ほぼ一人で子育て。子どもは独立し、定年後に夫婦二人で暮らす予定でいたら、夫は釣り三昧(ざんまい)の暮らしがしたいと離島に移住したのです。

「だれもが不思議な家族だと思うでしょうね。でも、これが自分たちらしいスタイルなの」と言う友人は、自分の生き方をしっかりもっていました。

「子育てをしていたときはそれが中心だった。PTA役員をしたり、子どもの部活動を応援したりして楽しかったなー」と後悔がないのです。

孤独を感じることはあったでしょうが、自分のなかで解決してきた姿は、ほんとうに立派。現在は親の介護をしながらチャリティを目的としたショップを運営しています。彼女は自分の優先順位をわかっているから、ブレずに自分の足で立っていられるのです。相手に対して〝期待〟がないわけではないけれど、それを押しつけず、現実は現実としてやわらかく素直に受け止める度量があります。

相手の都合に合わせて待つことができるのは、余裕のある大人の特権。待つ時間を相手に支配された時間にせず、「そう。私は私で楽しんでいるからＯＫ」「いろいろ想像して待つのも楽しい」と自分の時間に変えられるため、穏やかでいられるのです。

孤独を生きられない人は「なんで一人にするの？」「愛してくれないの？」「大切にしてくれないの？」とジタバタしてしまう。破綻（はたん）する原因の多くは、勝手に悲観的な〝妄想〟をして自滅してしまうことです。

ただし、なんでも相手に合わせればいいわけではなく、意見が対立したら折り合いをつける努力は必要。相手も自分自身も大切にするために。

孤独を覚悟してこそ、人をまるごと受け入れる覚悟ができるのかもしれません。

NO.
41

正直でいられるから、なにかとメリットが多い

「このままの自分でいい」という自信は、人を強くやさしくしてくれます

「だれもが一人なのだ」と孤独を意識して生きるようになってから、つくづくよかったと感じるのは、単純に正直でいられるようになったことです。

それまでまわりに馴染めるよう自分を出さないようにしていたのに、そのままの自分を出せるようになり、まわりへの向き合い方が、１８０度転換したのです。

まわりに合わせていたときは、自分にウソをついていることが多々ありました。

行きたくない飲み会につき合ったり、大丈夫じゃないのに「大丈夫」と言ったり、つくり笑顔でお世辞を言っていたり……と、それはもう息をするように。

「相手のために」と自分に対して言い訳をしながら、結局は「嫌われたくない」「ダメなヤツだと思われたくない」といった保身の気持ちが強かったのでしょう。

当然、我慢や無理が続いてしんどくなってくるもの。相手のことを恨みがましくさえ思えてくる。すると、だんだん感情を出さないように無表情になってくるのです。

「他人は自分のことをそれほど気にしていない、普通に接して嫌われたらしょうがない」と、開き直ってから、少しずつ自分を出すことが怖くなくなってきました。

知らないことは「知らない」と言う。やりたくないことは断る。好き嫌いも素直に表明する……と自然体でいるようになって、わかったことがありました。

まず、**正直に生きても、まったく嫌われないこと**。むしろ、裏表がなく、心を開いて接するので、仲良くなれるし、信頼してもらえるのです。

正直でいると、無理がないので、ごきげんでいられることもあります。

そして、最大のメリットは、自分を好きになれること。まわりとちがったり、欠点があったりしても「このままの自分でいいんだ」と思えてきます。

他人の目を「怖がることはない。むしろ、意外にやさしくてあたたかいものだ」と考えると、心地よい緊張感を味方にして自分を成長させていくこともできるのです。

NO. 42

社会的な圧迫が少ない

孤独な時間をもてる人は、窮屈感を払拭できます

世界各地で暮らしてきた友人夫婦が、日本の小さな田舎町に移住したのが3年前。地域のお祭りやサークル活動など田舎暮らしを満喫しているのですが、それでも、夫は年に数回、海外に友人とゴルフをしに行くといいます。

「どんなに大好きな場所でも、小さい社会にいると、だんだん息が詰まってくるんだ」と言って。妻も年に2回、帰省も兼ねて2週間ほど旅行をするのが恒例です。

「不思議なもので、各自で楽しんで帰ってくると、互いにやさしくなれるの」と妻。

家族や会社、地域など小さな〝箱〟のなかでは、意識していなくても、なにかしらプレッシャーを感じているもの。そんなときに、**自ら〝ソロ活〟で孤独な時間をもてる人は、圧迫感を和らげることができる**のです。

一人でいることの喜びや大切さがわからない人は、見えない圧迫感から逃れられず、窮屈感を払拭できないでしょう。

仕事のノルマで疲弊し、居酒屋で同僚と愚痴を言っていたある営業職の男性は、週末に登山をするようになって、仕事にも意欲が出てきたといいます。

いつもの場所から一人離れて、登山サークルで見知らぬ高齢者や若者とフラットにつながり、ただシンプルに登山を楽しむ……。そんな時間が、どんより滞っていた日常をリフレッシュしてくれたのです。

単純に、いつもの場所から離れてみると開放感があり、俯瞰的に自分のことを見られるようになります。**視点を変えるだけで、心に余裕が生まれるのです。**

反対に、いつも一人でいて孤独を感じる人は、たまには人と話したり、行く場所をつくったりして、たまっていた孤独感を解放してあげるといいでしょう。人のぬくもりがあるだけで癒やされ、心が疲弊するのを防ぐことができます。

ずっと一緒でも、ずっと一人でも心が滞ってくるもの。ソロを楽しめる人は「一人にも集団にもなれるポジション」に立って、気ままに行ったり来たりできるのです。

NO. 43

競争と嫉妬のない世界で生きるので、ものすごくラク

比較するなら、比較し甲斐のある人と比べましょう

孤独を生きる人は、「人は人、自分は自分」「私は私の道を行く」と人と自分を切り離して考えているので、基本的に張り合うことも、嫉妬をすることもありません。

孤独を生きられない人は、つねに人と自分を比較しては「自分は○○さんみたいにできない」「下に見られているようだ」などと落ち込んだり、世間と比べて「大企業みたいに年金をもらえない。どうしよう」と不安になったりします。

SNSで幸せそうな人を見ると、嫉妬で嫌な気持ちになるのも、比較グセがあるから。他人だけが幸せになると、自分が損していると感じる心理作用があるのです。

比較をしてしまうのは、「自分の価値を確かめたい」という気持ちからですが、自分の価値を〝相対的〟に測るのはあまり意味がありません。たとえ、「自分は勝ち

組」と優越感をもっても、上には上がいるのですから、心休まらないでしょう。

孤独を生きる人は、人がどうであろうと「私がいいと思うからいいのだ」と自分のなかの〝絶対的〟な価値基準で決めるので穏やかでいられます。

私も20代のころは比較グセで自分を傷つけてきたので、ひたすら「人は人、自分は自分」と言い聞かせてきました。幸せそうな人を「よかったね」「すごいね」「おめでとう！」と素直に称賛すると、比較の対象でなくなり、嫉妬は消えていくものです。

もうひとつ決めていたルールは「比較するなら、比較し甲斐のある人と比べる」ということ。がんばっている友人を見て「私もがんばろう」と励みにしたり、尊敬する人に会って「私はまだまだ。ああでありたい」とお手本にしたり。エネルギーを与えてくれる存在であれば、比較の意味はあるでしょう。

「勝った・負けた」と〝妄想〟の競争をするなんて、まったくナンセンスです。

私たちはだれになることもできないし、逆にだれにもマネできない自分を生きています。ものごとを決めるとき、「人はどう思うか」ではなく、「自分は自分を好きになれるのか」「どうあれば満足するのか」と〝自分のものさし〟で選んでください。

NO.
44

ものごとの本質をとらえることができます

自分にとって「必要なもの」がわかれば、無駄がなくなります

孤独な人は、人のことより、自分の興味があること、好きなことを考えている時間が圧倒的に長いので、自然に自分についての理解も深まっていきます。

たとえば、どんな世界にワクワクするのか、どんな服やインテリアがしっくりくるのか、どんな本や映画に気分が上がるのか……と自分の喜ばせ方がわかって〝自分スタイル〟ができてきます。欲しいものはどれだけ時間とお金と労力を使っても欲しいし、必要でないものは、タダであげると言われても「いらない」と断れるのです。

まわりに流されず、「私はいらない」と言えるようになると、ほんとうにラク。「ちょっとちがった」という無駄がなくなり、生きやすくなります。

孤独を恐れて「みんながいいというから私も」「とりあえず、同じことをしていれ

ば安心」となる時点で思考停止。それなりの大人がテーマパークで同じ格好をしたり、ＳＮＳに写真をのせるために流行りの場所へ行ったり、テレビで紹介されたからと、混んでいても並んだりするのは、無意識の「みんなのなかの自分でいたい」という気持ちの表れかもしれません（ほんとうに好きな人は別です）。

孤独になっても「私はいらない」と言えるのが大人。幼い心のままでは、まわりに流されてしまう。ついバーゲンで衝動買いをしてしまう人、家にごちゃごちゃとモノが多く、しかも使っていないモノが、やけに多い……という人も、単純に、生活に追われているため一人になる時間が足りないのではないでしょうか。

孤独のなかであれこれ考えると、いい意味で疑い深くなります。

「それって必要？」から始まり、テレビで絶賛する商品も「買わせようとしてるでしょ」、偉そうな人が言うことも「なんか怪しい。権力が働いているのかも」と鵜呑みにしなくなるのです。

孤独な時間は、ものごとの本質について自分の頭で考える時間を与えてくれます。

それは生きていく知恵となって、私たちを支えてくれるのです。

NO.
45

孤独を生きる人は、むしろ、かっこよく魅力的です

積極的に孤独であろうとする人には品格があります

私のなかで男も女も関係なく「孤独が似合う人」のイメージは、見た目でいえば、一人でお茶していていても、一人で歩いていていても、堂々として凛とした かっこよさがある人。一人だけでじゅうぶん人生の旅を謳歌できるという覚悟は、目の輝きや表情、話し方、服装など外見に染み出てくるものです。

ごきげんだけれど、孤独であるがゆえの影もかすかに感じられて、それもまた魅力。「いつもだれかに一緒にいてほしい」「だれかに頼っていたい」という人にはけっしてもてない〝品格〟だと思うのです。

「孤独が似合う人」として、私がロールモデルにしている人が何人かいます。

人と一緒の活動も楽しむけれど、自分の世界をもって好きなことを思う存分楽し

み、追求している人、何歳になっても新しいことにチャレンジする人。自分の役割を全うしようとするリーダー、道を究めようとする職人、人の心を打つ作品を生み出そうとする作家や芸術家もまた、孤独のなかにあります。

〝孤独〟が魅力的に見えるか、さびしくてみじめに見えるかのちがいは、積極的に孤独を生きようとするか、仕方なく孤独かの姿勢によるものが大きいでしょう。

ある女性の友人は26年前、スーツケースひとつで日本を出ました。たった一人でビジネスを立ち上げ、大きな財産を築くまで、想像も及ばぬ壮絶な孤独があったはず。なのに、苦労話を語ることもなく、あっけらかんと毎日の生活を楽しんで、いつも人のために奔走している……そんな姿はしびれるほど素敵なのです。

男性でも、既婚非婚にかかわらず、孤独がサマになる人は〝芯〟がありつつも自然体。大きな夢やロマンがあったり、やりたいことに心底、夢中になっていて、いい意味の〝遊び人〟だったり。女性がうっかり近づいたら、孤独を味わうことになりそうな危険な香りの人もいますが、魅力的であることは間違いありません。

「孤独が似合う人」を目指せば、さらに成熟した魅力が加わることを保証します。

NO.
46

行動範囲が広がり、自信がつきます

「一人なら、行かない」というのは、不自由な人生です

昨今は堂々と〝ソロ活〟を楽しむ人が多くなりました。一人で行動できるのは、便利でラク。人と予定を合わせる面倒もなく、「そうだ、○○しよう」と、思い立ったときに、さくっと動けるので、行動量が多くなり、行動範囲はぐんと広がります。人それぞれの〝ソロ活〟があるようで、私はお酒や食事よりも、温泉、映画、美術館などのソロ活が多いです。最近はお笑いライブ、コンサートにも挑戦しました。

海外旅行も安宿に泊まりながら長期でふらふらするため、ほぼ一人旅。その途中で現地に住む人と出逢ったり、世界各地の友人と合流したりすることもあります。

以前は「だれか一緒に行く人はいないかな。みんな忙しそうだな」と連れを探していましたが、日程や趣味、経済感覚が合う人を見つけるのはたいへん。いつからか

「一人で行っちゃおう！」となり、それが快適で自分のスタイルとして馴染みました。

　正直、女性一人では行けない場所もあり、「こういうレストランはだれかと来たいな」と思うこともあります。でも、**だれにも気兼ねなく、自由気ままに動いて、五感で純粋に味わう喜びを考えると、取るに足りない孤独。**むしろ、夕陽を一人で見ているときなどにきゅっとくるさびしさは、それはそれで味わい深いのです。

　興味があるイベントがあっても「一人だったら行かない」とあきらめる人がいます。それでは活動範囲は狭まり、狭い人間関係のなかでしか動けなくなるでしょう。「定年した夫がどこへ行くにもついてくるからウザい」と嘆いていた人がいました。歳を重ねるほど〝孤独力〟を磨かなければ、面倒くさいことになってしまうはず。

　一人で動けない人は、新しいつながりをつくることも苦手なので、特定の人に負担がかかってしまう。一人になると不安、不機嫌になりがちです。

　そうなる前に、冒険するつもりで簡単なところからひとつずつ、ソロ活をして、それを広げていくことをおすすめします。一度味わったら自信も出てきて、病みつきになり、人生が何倍も楽しくなることは間違いありません。

NO.
47

成長し、成功しやすくなります

自分でなんとかするしかない人は、根拠のない自信が身につきます

人は孤独を感じるときに成長しているもの。強制的に「自分でなんとかするしかない」という状況に立たされるからです。

あなたがこれまで「あのときは本気でがんばった」「成長したなぁ」と思うときはどんなときでしょう。たとえば大学受験の勉強をしたとき、語学やなにかのスキルを身につけたとき、困難な仕事をあきらめずにやり切ったとき、マラソンを完走したときなど、なにかの目的に向かって孤独のなかを逃げずに進んだときではないでしょうか。

もちろん、だれかが教えてくれた、仲間と一緒にがんばったなど、人と一緒にする成長もありますが、それも個々が力を尽くすことが前提のはずです。

ほんとうに大事な目的があるときは、一人になって真剣に考え、試行錯誤(しこうさくご)して進ん

でいくしかないのです。そこから逃げて人と群れたり、SNSやゲームに興じたりしていては、あとになって「なにをやってきたんだろう」と後悔するかもしれません。

私が人生のなかで、自分でも信じられないほどの力が出せた時期は、30代後半。「このままで終わりたくない！」という衝動に突き動かされて物書きになろうと上京し、デビュー作を書くまでの数年間でした。「自分はどこまでいけるのか」「どんな方法があるのか」と悩み続けた日々は、「辛いけれど楽しかった！」という感覚です。

そのときに決意したのは「だれのせいにもしないこと」。孤独な挑戦は、責任の所在が自分だけになります。明確な目的を決めたら、「あの人が～してくれないからできない」「自分は才能がないからできない」などと言い訳をすることができません。

「自分でなんとかするしかない」とあきらめずに進んだ人は、さまざまな場面で「できる気しかしない」という根拠のない自信がわいてきます。私たちは心の奥で自分がなにをやってきたのか、なにをやってこなかったのか、全部知っているのです。

いま孤独のなかにいる人は、「成長のチャンス」を与えられているとも考えられます。ただし、ほんとうに辛いときは逃げるのも、自分を守る策であることを忘れずに。

NO. 48

チャンスを引き寄せます

一人でがんばっている人には、だれかが声をかけてくれます

〝チャンスの神様〟は大抵、ソロで活動をしているときにやってくるものです。

「こんな仕事やってみる?」「こんな人と会ってみる?」と声をかけられるのは、だれかがその人の能力やキャラクターを見て〝期待〟をしてくれるから。「みんなと同じ、どこにでもいる一人」という位置づけでは、大した期待はないでしょう。自分を中心に置いて「私はこんな人間です」と発信していること、チャンスが来たら「もちろんOK!」とすぐに飛び乗る体勢でいることが、チャンスの神様に愛される条件です。

昨今は、会社に所属していても〝ソロ意識〟が強くて、ヘッドハンティングされたり、実績やスキルをつけながらステップアップしたりする人が増えています。

一方で、「ともかく問題を起こさなければいい」という保身でいる人は、その場所

にはいられても、つぎに行く場所はないはずです。

私も会社にいるときは、「どれだけがんばっても昇進昇給は横並び」「出る杭は打たれるから余計なことはしないほうがいい」といった気持ちがあったことは否めません。

「会社は、一生は面倒みてくれない」と強く意識してから、スキルを身につけたり、副業したりして〝ソロ活〟をするように。動いていると、なにかしら「やってみる？」と頼まれて、全力で期待に応えることの連続で、ここまで歩いてこられました。なんでもやってみることが大事で、自分で選ぶよりも、選ばれる人になることが先決なのです。

「必要なときに、必要な人が現れる」という引き寄せ現象は、スピリチュアルでも運でもなく、「私、こういうことやってますけど」「なんなら、すぐ動けますけど」という周波数にチューニングしていると、それにピタッと響き合う人が現れる、ということです。

最初から他力本願でなにかに寄りかかっている姿勢だと、人は動いてくれません。〝自力〟でがんばろうとする人に、支えようとする〝他力〟が動いてくれるのです。

NO. 49

アイデアがわいてきます

脳のコンピュータは一人のときにいい働きをしてくれます

知り合いの芸術家は、スマホどころか、携帯電話ももたない人。

「そんなものの奴隷になりたくない。なににも縛られず、自由にしていたいんだ」と言うのです。一人引きこもってじっくり考えたり、散歩してぼんやりしたりして過ごすうちに、天からのお告げのように「そうだ！」とアイデアが降りてくるとか。

彼のポップアート作品は奇想天外で、子どもから高齢者まで笑顔にします。独特で洗練された構想は、雑多な情報を遮断して、孤独のなかで考え抜いた時間の積み重ねから生まれてくるのでしょう。

私たちが「そうだ！　こうすればいいんだ」「いいこと、思いついた」「いい俳句が浮かんだ」など、〝ひらめき〟が生まれるのも一人でいるとき。シャワーの最中や移動中、眠りに落ちかけているときに、ふっと降ってくることもあります。

脳のコンピュータは意識していなくても、気になるテーマについて答えを出そうと〝セーフティモード〟で動き続けています。一人でリラックスしているときに、脳は活性化して、これまでにインプットした情報を整理しています。それがうまくいったときに、「そうだ！」という〝アイデア〟がアウトプットされるわけです。

人といるとき、スマホを見ているときは、情報を脳に入れ続けている状態。ただ反応することに忙しくて、整理するヒマがないのです。

人の真似ごとではなく、与えられた答えでもなく、自分で「そうだ！」とひらめきを生み出すことは、人として極上の喜び。仏陀（ブッダ）や哲学者が悟りをひらいたのも、発明家が便利な道具をつくったのも、孤独のなかでしつこく考え続けたからでしょう。

脳のコンピュータは、いつも私たちを幸せにしようと動き続けています。一人のときに「こうありたい」という自分なりの美学も熟成されていきます。夜はスマホから離れる、散歩しながらぼんやりする、家庭で一人になれる場所をつくるなどの工夫で、一日のうち少しでも一人になれる時間を確保してください。

NO.
50

視野が広がります

〝一人〟という単位だからこそ、多種多様な人とつながれます

〝孤独〟というと、人とのつながりを避けて引きこもっていたり、こだわりが強くて自分の世界だけで生きていたりするイメージがあるかもしれません。でも、私は孤独だからこそ、視野が広がり、より大きな世界と向き合えるという実感があるのです。

かつて発展途上国の子どもたちを支援するプロジェクトに関わっていたとき、賛同して集まる人は、配偶者を亡くした高齢者が多いことに気づきました。「一人になって残りの時間を意識したとき、『自分になにができるのか』と考えて参加した」と言っている人もいました。生きがいを見つけたい、だれかに喜んでほしいと思ったら、その居場所は日本ではなかったのでしょう。

会社や家庭といった単位で生活しているときは、つねにそのなかで「なにができる

のか」と考えているもの。とくに育児や介護の問題などを抱えている状態では、それ以外のことになかなか目が向かないのは無理もありません。

ただ、その役割を卒業する段階になっても縮こまっていては「自分は必要とされていない」と疎外感を覚えて、可能性も狭まるでしょう。

「一人だからこそ、できることがあるはず」と視野を広げると、さまざまな可能性があることに気づきます。何歳でも挑戦したり学んだり、遊んだりしてもいいのです。

先のことを考えるとき、「年金はいくらもらえるのか」「仕事にありつけるのか」と与えてもらうことばかりに目を向けがちです。しかし、「自分になにができるのか」と与えることから考えると、自然に与えてもらうことも出てくるのです。

孤独に苛(さいな)まれている若者も、顔を上げてもっと広い世界を見渡し、「なにができるのか」と考えてみてください。話を聞くだけで喜んでくれるお年寄りがいるかもしれません。新しい学びのサークルに居場所があるかもしれません。同じ趣味や問題意識をもった人とつながれるかもしれません。〝一人〟という単位だからこそ、個と個、個と集団でつながれるため、できることは計り知れないのです。

NO. 51

真にやさしくなれます

孤独な人は見返りを求めないので、存分に与えることができます

ほんとうの意味でやさしくありたいと思うなら、孤独である必要があるのです。

一人になるのを恐れている人のやさしさは、〝依存〟が隠れていることがあります。たとえば、職場で自分の派閥の仲間にはやさしく、ほめたり親切にしたりするのに、それ以外の人が困っていても助けない人がいます。「孤独になりたくない」という気持ちがあるからでしょう。

孤独に生きる人は、派閥など関係なく、「仲良くしてもらおう」と期待をしていないので、だれに対してもやさしくします。「ギブ&テイク」ではなく、ひたすら「ギブ&ギブ」で〝見返り〟を求めていないので、「私は～してあげたのにお返しがない」「もっと感謝してくれてもいいのに」などとさびしく感じることもありません。

相手が喜んでくれた、困らなくて済んだ、それだけでOKなのです。

新聞社で働き始めたころ、文章の間違いや段取りミスが多くて、女性編集長から毎日のように叱られていました。ところが、広告主を怒らせる大失敗をしたとき、上司はひと言も私を責めることはなく、一緒に謝りに行ってくれたのでした。

こんなやさしさをもてる人になりたいと思ったのです。ニコニコしてやさしい言葉をかけることだけがやさしさではありません。相手の成長のために叱れるやさしさ、相手の気持ちを考えてなにも言わないやさしさ、待つやさしさ、共感するやさしさもあります。真剣に相手のためを思えば、あえて突き放すこともあります。

孤独な人は相手にもベタベタしたやさしさは求めません。だから、**孤独な人同士は、表面的な言葉や態度ではなく、深い感情や理解でつながることができるのです。**

また、孤独のさびしさを知っているからこそのやさしさもあります。さびしさや不安を感じている人を見かけたら、自分のことのように胸が痛んでしまう。相手に気づかれないようにそっとサポートするのも、ほんとうのやさしさ。自分のなかで孤独を収めてきた人にしか生み出せない〝愛〟だと思うのです。

第4章

孤独を楽しむためのレッスン

一人でも、だれかと一緒にいても、
孤独を楽しめる人は、
たおやかに生きる

NO. 52

「毎日、一人作戦会議」のすすめ

一人だからこそ、自分と対話して、自分で決められるのです

〝孤独力〟とは、「一人でも楽しめる力」ではないかと思っています。一人旅を楽しむように毎日の生活も、人生も楽しみ、面白がり、喜び、味わう……。「基本、一人」だからこそ、自由に動いて、自由に人とつながり、自由に思いを叶えていくのです。

〝孤独〟がどれだけすばらしいものか、そして、どれだけ必要なのかを実感していただくために、第4章では、孤独を楽しむためのご提案をしていきましょう。

まず、ひとつ目は、「毎日、一人作戦会議」のすすめです。

一人旅をするときに「どこに行く?」「どうやって行くの?」と考えるように、孤独を生きる人にとって、〝一人作戦会議〟は、行動を決める重要な基軸なのです。

社会生活を送っていると、自分の本音がわからなくなり、行きたい場所も見えなく

なってしまう。**自分のことを世界でいちばん考えているのは自分自身ですから、ちゃんと自分と対話して本心を聞き出し、どう解決していくかを考える必要があるのです。**

一人作戦会議に決まりはありません。一人になれる時間がないなら、通勤時間やお風呂に浸かる間、寝る直前でもいいのですが、できれば、仕事前や午後の休憩時間など10分でも15分でも時間を決めて手帳やノートに〝書きなぐる〟といいでしょう。

いま感じていること、気づいたこと、やりたいこと、懸案事項など、頭でごちゃごちゃと考えていたことを文字にして書き出すことで、整理されてきますから。

ちなみに、私は一人作戦会議では、主に2つのことを自問自答します。

「ほんとうのところ、どうしたいの?」「(そのためには)どうすればいい?」

一人旅と同じ感覚で、何をするか(WHAT)と、方法(HOW)を決める。具体的な「TO・DO(やるべきこと)」をリストアップしてスケジュールに落とし込むだけ。

一日の仕事の計画から週末の過ごし方、夏休みの旅行、語学の習得、人生の遠い目標など、すべて同じ要領。注意すべきは、けっして反省会はしないこと。しくじったら「バカだね〜」とひと言だけ叱って、つぎの作戦を考えましょう。

NO. 53

ときどき「プチ一人旅」のすすめ

いろいろなものに目が留まり、いろいろな気づきがあります

孤独を楽しむ達人になるために、最高のレッスンともいえるのが「プチ一人旅」。「一人でなにもすることがない」「遊んでくれる人がいなくて、さびしい」など孤独に辟易(へきえき)している人だけでなく、「たまには家族から離れたい」と感じている人にもおすすめ。泊まるのがむずかしい人は、数時間、となり町を散策するだけでもリフレッシュできるはずです。

一人旅の魅力は、自由気ままな心地よさ。行き先もスケジュールも予定変更も思いのまま。「そうだ。○○に行こう」と翌朝の新幹線に飛び乗ることだってできるのです。

私は人とスケジュールが合わないこともありますが、思う存分、写真を撮りたいので、ほぼ一人旅。ワクワクしながら街角を歩いて「この看板、面白い！」、自然のな

かで「あ、めずらしい花」と細かいことにも目が留まるのは、一人旅だからこそ。

どんなに気心の知れた連れでも、人と一緒だと、おしゃべりや歩調を合わせることに気がとられて、多くのことを見逃してしまうのです。

食事もインスピレーションで「この店に入ろう！」と即決。料理の味、香りや食感まで堪能（たんのう）し、作り方をあれこれ想像してお店の人に質問することもできます。

現地の暮らしが見える市場で、そこの住民のように買い物をする。少し背伸びをしたホテルで非日常を味わう。夕焼けに染まる山脈を望めるカフェで物思いにふける……。そんな些細（ささい）な情景が、色鮮やかな旅の思い出になることがあります。

制約がない分、どう楽しむかは自分次第。**自分が好きなもの、心地よい場所、逆に不必要なものなど、一人旅は心を自由にして「自分を知る旅」でもあります。**

いまいる場所から離れることで、日常の幸せにも新鮮な目が向けられるでしょう。きっと旅を終えるころには、心が洗われて、少したくましくなった自分に出逢えるはず。好奇心とほんの少しの行動力があれば、だれでも一人旅で成長できるのです。

主体的に孤独を楽しむ〝プチ一人旅〟、あなたもときどき出かけてみませんか。

NO.
54

日常に転がっている偶然の出逢いを面白がる

一人だからこそ、偶然の出逢いがあふれています

人に対して、たいへん臆病で消極的だった私が、一人旅をするようになって、自分から声をかけるようになりました。旅の途中で出逢った人と再会したり、相席した人とおしゃべりしたりすることから、人生が大きく変わるような体験もしてきました。

「いま、ここで声をかけなければ、この人と二度と出逢うことはないかもしれない」

そんな感覚で〝日常の旅〟でも自分から声をかけるのです。

いいえ、正直にいうと、声をかけられることのほうが多いかもしれません。コンサートでとなりに座ったご婦人から「前に会ったこと、あります？」なんて声をかけられて意気投合。いまでは家を泊まりがけで行き来するほどの仲になった人もいます。

そんなふうに偶然の出逢いを、旅の道中のように楽しめるのは、一人だからこそ。

連れがいると、他人に声をかけることも、声をかけられることもほとんどありません。ただ、一人でいても、背中を丸めてスマホをじっと眺めていては、〝話しかけないでオーラ〟を発しているようなもの。人が近づくことはないでしょう。

日常でも私が話しかけたり、話しかけられたりする確率が高いのは、単純に顔を上げて「どんな人がいるんだろう」と面白がって、観察をするように見渡しているから。

公園で幼子を連れたお母さん、喫茶店でよく見かける店員さん、マンションの管理人さんなど、にっこり微笑(ほほえ)んで「こんにちは」と挨拶するだけ。もし、相手がいい感じの笑顔を返してくれたら、「素敵なマフラーですね」「今日は混んでますね」「いいお天気ですね」など、なんでも話してみるのです。反応がなくても、それはそれでＯＫ。ただ「この場が楽しくなればいい」と気負わず、遊び感覚で声をかけると、思いがけない情報を教えてもらったり、面白い展開につながったりすることがあります。

一人だから、多くの出逢いにあふれていて、しかも仲良くなりやすい。ほんとうの孤独とは、自分の殻に引きこもるのではなく、一人旅をするように人と出逢いながら、自分の道を進むこと。「基本、一人」で生きる恩恵は計り知れないのです。

NO.
55

道を教えてもらうように、人に助けてもらう

なにかと手助けしてもらうこと、誘われることが多いものです

振り返ってみると、信じられないほど多くの好意に支えられて生きてきました。一人で知り合いもなく上京したときは、レストランで相席した高齢の女性から「家を貸してあげる。お金なんていらないわ」、アルバイト先の先輩から「お惣菜(そうざい)いっぱい作ったから、持って帰って」、仕事で知り合ったライターからは「今度、雑誌の編集者を紹介するよ」というように。田舎に住んだときは、近所の高齢者が草刈りから家の修理、保存食作りまで手伝ってくれました。

そんな神様のような方々は、おそらく「一人でがんばっているから助けてあげよう」というあたたかい心遣いをしてくださったのでしょう。私が不自由しているのを「見るに見かねて」という気持ちもあったかと思います。

一人だから「うちにご飯食べにこない？」「一緒に遊びに行かない？」というお誘いもたびたびあり、気がつけば、家族ぐるみで親しくしている人たちもいます。

もちろん、家族がいても自由に行動する人もいますが、相手も声をかけていいものか、気を使うもの。誘っても「夫（妻）に聞いてみないと……」と言われると、つぎからは誘いにくくなるかもしれません。

これは私が「女性だから」「社交的だから」というわけではないのです。男性でも、内向的でも、なにかとまわりの人たちに助けられて生きている人はいます。

そんな人たちの共通点は、人の好意に対して素直に喜び、感謝を伝えていること。心ばかりのお礼をすることもありますが、ほとんどは「すごく嬉しかった。ほんとうにありがとうございます」と丁寧に伝えるだけで相手は喜んでくれます。

「友だちだから」「親戚だから」「近所だから」ではなく、道を教えてもらう感覚でもっと気軽に助けてもらったり、逆に助けたりすればいいのです。先の期待がないから、声もかけやすく、その場その場で「ありがとう！」とさわやかに完結できます。

まわりの好意に甘えて生きていくのも、孤独を生きる人の処世術なのです。

NO.
56

友人や家族よりも、〝目的別協力者〟に頼る

たくさんの人に少しずつ依存できます

離婚を経験した友人が、「もう結婚したいと思わない。でも、たまにおしゃべりするボーイフレンドがいてもいいかな。ほかにも物知りでいろいろ教えてくれる人、グルメで一緒に外食を楽しむ人、ただ見ているだけで楽しい人など目的別にいると最高ね」と言っていたことがありました。一人の人ですべてを満たそうとするとむずかしいけれど、それぞれのいい点とつき合えば満たされるし、互いに気がラクなのだと。

これは「ボーイフレンドがいてもいいし、いなくてもいい」くらいの自立した考え方だから、できること。相手に断られてもダメ元だと思っているので、考えすぎず、気楽に誘ったり、頼んだりすることもできるのです。

前項で「道を教えてもらうように、人に助けてもらおう」と書きましたが、相手の好

意を待つだけでなく、必要なときは、道を尋ねるようにアプローチしてもいいのです。

恋愛や遊びのほか、家の掃除を手伝ってくれる人、料理のコツを教えてくれる人、ＩＴ関係のアドバイスをしてくれる人、ただ話すだけで元気になれる人など**「ちょっとお願い」という頼れる先をたくさんもっているのも〝自立〟なのです。**

「友だちだからお願い」「家族だからお願い」と一カ所に依存するのは、互いに負担になり、できることも限られてくるもの。知り合い程度の人でも「ちょっと教えて」「ちょっと助けて」と声をかけられるし、場合によってはネットで問いかけたり、いっそプロに頼んでお金で解決したり……と解決方法はいくらでもあります。

ある知人が「引越しを友人に手伝ってもらったら、すごく時間がかかったうえにご馳走（ちそう）して高くついた」と言っていましたが、プロに頼んだほうがいい場合もあります。

人に頼るためには「自分はなにができて、なにができないのか」をわかっておく必要があります。できないことが明確なら、頼る事柄も明確。人も見つかりやすくなります。孤独を生きる醍醐味（だいごみ）は「たくさんの人とつながり、たくさんのサポートが得られること」。だから「孤独がさびしい」なんて、ほんとうにナンセンスな話なのです。

NO.
57

花を一輪、差し出すように、喜んでもらう

気軽に顔馴染みになって、気楽に〝お裾分け〟ができます

繰り返しますが、〝孤独〟とは、自分の世界に閉じこもって、人が入ってくるのを拒んでいる状態のことではありません。一人だからこそ、どんな人と、どんなふうに関わっていくかも自由。「こうでなければ」という縛りも、「仲良くしてほしい」という期待もないから、いろいろな人と気軽につき合えるのです。嫌なら、距離を置けばいいだけの話。人と関わらずに生きていくことも自由ですし。

私は住まいを転々としながら暮らしていますが、近所の八百屋さん、喫茶店、美容室、温泉、居酒屋などで会話しているうちに顔馴染みになることがあります。あちこちで知り合った人たちもだんだん増えていきます。

ときどき、そんな方々に、自分からも「たくさんもらったから食べて」などとお裾

分けしています。先日も旅行の帰り、よく行く温泉旅館に寄って「忙しそうなので差し入れ」とちょっとしたお土産を置いてきました。それでなにかしてほしいわけではなく、「少しでも喜んでくれたら、自分が嬉しい」と、その場限りの気持ちです。

あちこちに花一輪、差し出すように配っていると、期待はしていなくても、どこかからギフトがやってくるもの。季節の果物から手作りジャム、手編みの帽子、家具などいろいろといただき、こちらもまたお返し……と、まるで物々交換をしているような感覚になってきます。

交換するのは、物だけではありません。私は写真好きなので、一緒に楽しんだときの写真や動画を送って喜んでもらいます。相手が困っていることがあれば、話を聞く、手伝う、情報を提供する、助けてくれそうな人を紹介することも。**ただし、なにか親切をするときは、お節介にならないよう相手の反応を見ることが大切。**

孤独を楽しむ人の流儀として、「与えたことはその場で忘れる。与えられた恩は忘れるな」という気持ちを忘れずにいれば、いつの間にか、まわりがまるでサポーターのように引き立ててくれるようになるのです。

NO. 58

生活にハリを与えてくれる〝推し活〟のすすめ

一人だからこそ、気軽な片思いをしましょう

40代50代の女性たちがよく話題にするのが自分の〝推し〟のこと。元々はアイドルオタク用語の「推しメン（イチオシのメンバー）」からきた言葉で、アイドルだけでなく、ミュージシャン、俳優、スポーツ選手、ユーチューバーなど対象はいろいろ。「ミュージカル俳優の追っかけをするのが心の支え」「韓国アイドルの動画配信を見るのが、毎晩の癒やし」など推しがいることで生活の活力になっている様子。チャレンジする人を応援したくなる気持ちは、だれしもあるでしょう。

推しが成長したり活躍したりするのは、自分のことのように嬉しいものです。

また、〝推し活〟をしているときの感情は、疑似恋愛の作用もあるといいます。しかも一方通行で傷つくことはないので安心安全。現実のパートナーを必要としない人

にとっては、生活にハリと潤いをもたらし、またパートナーがいる人も、ときめきを取り戻して、リアルな関係にもいい刺激を与えてくれるはず。ただし、のめり込みすぎないことも大人のマナーです。

加えて、私がおすすめしたいのは、実際に知っている人に気軽に片思いをしたり、勝手に応援したりする〝リアル推し活〟です。たとえば、よく行くカフェの店員さん、ジムのトレーナー、職場に来る配達員、習い事の先生など「いいな」「素敵だな」「好きかも」と秘（ひそ）かに思っているだけでも、心が華やぐもの。自分のなかだけの片思いで期待がないので、だれを好きになってもいいのです。

また、がんばっている知人を「応援してるよ～」と見守り、ときには微力ながら支えようとするのも、成長や活躍がさらに嬉しいもの。私は災害支援のチャリティ活動をする若者、なかなか芽が出ない陶芸家など、勝手に応援している人たちがいます。夢に向かっている人を見ているのは刺激になり、応援するほうが元気になれるのです。

孤独を生きているからこそ、家族や会社などを超えて社会全体と向き合い、キラリと光る人に思いを寄せたり、応援したりする喜びは大きいと思うのです。

NO.
59

孤独な時間を贅沢にしてくれる〝一人趣味〟のすすめ

自分を楽しませてくれる趣味をもとう

孤独を楽しめるかは、夢中になれる趣味をもっているか否かが大きいでしょう。親戚の小学5年生がコロナで1週間、子ども部屋に隔離されていたとき、「さびしくなかった?」と聞くと、「まったく。一人が好きだから絵を描いたり、漫画を読んだり、ユーチューブを見たりして楽しかった!」。普段から一人で過ごしているので、苦にならないどころか思う存分、満喫したのだとか。

大人でも、一人の趣味をもっている人は、日々の生活に充足感があるもの。日ごろのストレスが解消されたり、自分磨きになったり、好きが高じて仕事になったり、仲間ができたり……と、趣味の効果は計り知れません。多忙な若者でも、時間のある高齢者でも、趣味のある人は生き生きして魅力的。

ただ、「趣味といえるものがない」「趣味ができる時間とお金がない」「一人では腰が重い」「続いた試しがない」という人も多いようです。

趣味といっても、むずかしく考えることはありません。「ちょっと気になる」というものを片っ端からやってみるといいでしょう。新しい経験をあれこれするのも楽しいもの。**成果も出さなくていいし、続ける必要もないのですから、ただ楽しそうな方向に動いていけば「これって楽しい！」「もっとやりたい」というものは見つかるはず。**

ただ、見つける精度を上げるなら、「いま、なににときめくか」「これまで、なにに夢中になったか」を考えると、ハマるものが見つかりやすいでしょう。

注意すべきは、流行りや格好のよさではなく、「自分が熱中できること」を選ぶこと。知人で裁判の傍聴、仏像の彫刻、酒蔵めぐりなどマニアックな趣味を喜々としてやっている人がいます。共感はされなくても、興味をもたれることは多いようです。

多趣味でもいいし、ひとつを極めてもいい。飽きたら休んでもいいのです。ただ、進歩を感じることがあると、より深い面白さを味わえ、充足感も増します。ぜひ毎日が楽しくなる趣味をもって、一人の時間を豊かにしていこうではありませんか。

NO.
60

孤独を味方にする〝一人学び〟のすすめ

一人の大人だからこそ、純粋に学ぶ楽しさを味わえます

大人だからこそ、自分を育て、人生を楽しむために、学びが必要。そして、学ぶことは、孤独を味方にしていくことだと実感します。

単純に、孤独な時間に、学びは進むのです。

学びは、大きく分けて、仕事に関連する学び、教養や趣味としての学びの2つに分けられます。前者の資格取得やスキルアップの〝自己投資〟については、つぎの章（79項）で述べるとして、ここでは後者の、新しいことを知ったり、自分を成長させたりすること自体を楽しむ学びを、おすすめします。

私は40代から台湾の大学院に留学したり、独学で心理学や語学を学んだりしてきました。大人の学びはほんとうに楽しい。喉が渇いたように「知りたい」と思ったタイ

ミングで、知識を流し込むこともありますが、これまでの経験と絡んで「そういうことだったのか！」と点と点がつながって腑に落ちる感覚があるのです。

大人になると、自分の成長が感じられないどころか、衰えていくとさえ思えるもの。**詳しい分野ができ、進歩が見えるのは嬉しく、自信や生きがいにもなるのです。**

学ぶ楽しさを純粋に味わえるのは、じつは子どもよりも大人。「物覚えが悪くなったから」「いまさら恥をかきたくないから」と後ろ向きの人こそ、人と比べず、自分のペースで学ぶことを楽しみ、自分が進化していく喜びを味わってほしいと思います。

大人の学びは「自分はどんな人生を送りたいのか」ということを視野に入れたいもの。いまの自分をどこまで高めていけるのかを目的にすれば、いくらでもやれることはあるでしょう。現代に生まれたのは幸運で、学校や教室に行けなくても、ネットや本、人に聞くなど学ぶ方法は無限にあります。

世界の情勢、自然の営み、人間の心理、文学や歴史、芸術なども学べば学ぶほど人生は面白くなり、人との会話も深いものとなります。せっかく学ぶのなら、興味があることをわくわくしながら学びたい。死ぬまでいろいろなことを学び続けたいものです。

NO.
61

心と体を癒やす〝自分メンテナンス〟のすすめ

自分を支えてくれるものをたくさんもちましょう

なにをするにもいちばんの基本は、心と体を健やかにしておくことですが、毎日、仕事や家事で忙しく動き回り、他人には気を使っても、自分の疲労やストレスに気づかないフリをしている人もいるようです。だんだん疲れがたまり、イライラ、クヨクヨすることも多くなっていたりして……。そうなる前に、毎日、わずかな時間でも、自分の心と体の声に耳を傾けて〝自分メンテナンス〟をする必要があるのです。

〝自分メンテナンス〟とは、健やかでいられるよう自分をケアしてあげること。

たとえば、睡眠時間は死守する、ストレス解消のために○○する、朝の散歩をする、仕事前に瞑想する、食事は腹八分にする、ストレッチをする、体をあたためるなど、心と体を労る小ネタを、だれもがいくつかもっているでしょう。

私が健康のために続けているのは、起きてすぐに体重計に乗ること。増減を確認するだけで「今日の食事は控えめにしよう」「サボらずに運動しよう」と自然に気をつけるようになります。また、お風呂に浸かっている間、体全体をチェックしながら「よしよし」と愛(いと)おしむようにマッサージをします。「今日も働いてくれてありがとね。明日もよろしくね」と体に感謝することで、普段も自分を大切に扱うようになるのです。

また、生活のなかに〝気分を上げてくれるもの〟も意識してもちたいもの。たとえば、お気に入りの曲、大好きな本、好みのコーヒー、いい香りのハンドクリーム、季節の花、バスソルト、アロマ……。服や持ち物で気分を上げる人もいるし、自分の車や自転車でご機嫌になれる人もいるかもしれません。

「これがあると幸せ」というものがたくさんあると、イライラ、クヨクヨしにくくなるもの。趣味や学びも含めて自分を支えてくれるものが乏しいから、他人に依存したり、ストレスでお酒や買い物、ギャンブルなどに依存するようになるのです。

家にいても、一人でいても、簡単にセルフケアしたり、気分を上げたりする習慣を身につけることで、自然に体も心もすぐに回復する力がついてくるはずです。

NO.
62

一人でも、家族がいても、〝一人料理〟のすすめ

さびしい食事ではなく、豊かな食卓にしましょう

一人暮らしの人でも、家族と同居している人でも、基本の料理だけはできるようにしておいたほうがいいと思うのです。

なぜなら、食事は生きる基礎であり、自分で自分を守るもの。一人暮らしで、自分で作った料理を食べるのと、外食や買ってきたもので済ませるのでは、生活の質がまるでちがいます。

簡単な料理でも、栄養バランスを考えたあたたかいものを、そしてちゃんと盛り付けて「いただきます」と感謝して食べると、満たされた気分になります。

また、親やパートナーが作ってくれるからと任せきりの人がいますが、掃除、洗濯はともかく、料理だけは自分でもある程度はしたほうがいい。妻が病気になって寝て

いるとき、夫が帰宅して「ボクのご飯は？」と自分の心配をするのは、よく聞く笑えない話ですが、似たようなことは度々起きているのです。

自分の飯は自分で賄うのが、人としての基本。「料理は苦手」と言っている人のほとんどは、面倒くさがっているだけで、慣れれば、味噌汁なんて10分もかからない。美味しいものを食べられる喜びに目覚めたら、ハマる人も少なくありません。

自分の体調や活動に合わせた食事にするためにも、人任せにしてはいけないのです。

私は、料理研究家の友人のアドバイスで、一日の料理パターンを固定化してから、劇的に調理時間が短縮されました。**新鮮な野菜を使えば、簡単な調理やシンプルな味付けで、じゅうぶん美味しいものになります。**

また、一品だけでも得意料理をもっていれば、来客があるときに便利。よその家のホームパーティなどに持参することもできます。

食事は毎日、生きている間はずっと繰り返されるので、せっかくなら美味しいものを食べたい。料理番組や料理動画を見るのも刺激になります。ぜひ、「料理することは楽しい、面白い、美味しい」と自分を洗脳して、豊かな食卓を。

NO. 63

孤独を楽しむ人の〝生きがい〟の見つけ方

自由にやりたいことをやって、それを楽しみましょう

人生100年時代、定年退職が見えてきた人たちが「生きがいが欲しいが、見つからない」と嘆く声が聞こえてきます。また、仕事にやりがいを見いだせず、結婚や恋愛もあまり興味のない若者が「生きがいって、なんでしょうね」なんて言うことも。

ある大学の研究では、年収が高く、パートナーがいる人が、生きがいをもつ確率が高く、社会とのつながりのなかで幸福感が得られるという結果が出ているといいますが、生きがいとは、そんなに高度なものではないと思うのです。

世間の刷り込みで、生きがいも「人に喜ばれ、認められるものでなければ」と考えて、ほんとうに自分を喜ばせるものが見えなくなっているのかもしれません。

〝生きがい〟とは、単純に、生きているのが楽しくなること。思い出すだけで元気にな

れること。それは、孤独のなかで見つけることもできるはず。幼い子どもが眠る前に「今日は砂場でお城を作って楽しかったな。明日はもっと大きなお城を作りたいな」と、にまにましながら考えるように、生きがいは〝一人遊び〟であってもいいのです。

一日中、釣りをして過ごすのも、夢中になって編み物をするのも自由。もちろん、仕事や学び、スポーツ、社会貢献活動などを生きがいとする人もいるでしょう。どんなことを生活のハリにするかは人それぞれ、自分で決めることです。

まわりからのプレッシャーがなく、孤独のなかで自由にやりたいことをやって楽しもうとすることが、生きがいになっていくはずです。それが人に喜んでもらうことにつながれば、なおさら、やりがいがあるでしょう。

生きていく充足感は、栄養ドリンクを飲むように外から得られるのではありません。日々の「あー、楽しかった！」「よくやった」という満足感から醸(かも)し出されるもの。

そんな生きがいがあれば、さびしさを感じているヒマはありません。

生きがいのある孤独は、楽しさだけでなく、強さとやさしさ、人生の深い味わいを与えてくれるのです。

第5章

孤独を楽しんで生きる人、孤独でダメになる人

強くなくてもいい。
飄々（ひょうひょう）と心穏やかでしなやかに

NO. 64

「孤独力」こそ、楽しく生きていく力

孤独を楽しむことは、自分の人生の主導権を手に入れることです

まわりを見渡してみると、「孤独を楽しんでいる人」と「孤独でダメになる人」がいて、残念ながら後者のほうが多いと感じます。

いちばん大きなちがいは単純に、自ら孤独を選んでいるか、孤独になることを嫌がっているか。孤独が嫌な人は、さびしさ、疎外感、不安感、恥ずかしさなど辛い感情を味わいたくないので、とりあえず人とつるんだり、人に従ったり、合わせたりすることで安心しようとします。

しかし、いうまでもなく「人と一緒にいるのに孤独」という状態がいちばん辛く、苦しく、虚(むな)しく、自分をダメにしていくのです。

また、「孤独は楽しくない」というネガティブな思い込みが強く、一人で動けなく

なっている人もいます。一人だとすることがない、やることといったらゲームやスマホという人も、孤独に背を向けているのかもしれません。

人とのつながりが希薄になり、非婚化やコロナ禍など、生活様式が変化しているため、ほとんどの人が人生のどこかの時期に、一人で過ごす時間を余儀なくされます。だからこそ、孤独に追い込まれても、「一人でしかできないことがある。せっかくならこの時間を楽しもうではないか」と積極的に一人を楽しむ〝孤独力〟に変換していくことが必要。本来、どんな人にも、孤独だからこそ感じる喜びと、孤独だからこそわいてくる力は備わっています。**「孤独は楽しんだもの勝ち」**なのです。

孤独を楽しむことは、自分の人生の主導権を手に入れることに他なりません。

そんな人はやりたいことを思いっきり楽しんでいるので、一人でいても孤独感に陥りにくい。**自分で自分を満たす力があるから、人に頼らなくてもいいのです。**

第5章では、孤独を楽しめる人はどんな心もちをしているのか、孤独でダメになる人はどんな課題があるのかを、一緒に考えていきましょう。

NO. 65

〝気まま〟に生きられる環境をつくっておこう

自由に「時間・場所・人間関係」を選べるのは最高の贅沢です

私にとって人生のいちばんの喜びは、やりたいことを楽しむこと。いま「やりたい」と思ったことはすぐさま、またはできるだけ早くやってしまいたい。なぜなら「時間がない」「お金がない」と言い訳をして先延ばしにしているうちに、それらは不可能なことになってしまいますから。

そのことをはっきりと自覚したときから、私は気ままに動けるよう、「孤独であること」と「もたないこと」を選んできました。

なにかに縛られていると、身軽に動くことはむずかしいものです。

たとえば、「会社に在籍しなければ」「家族と一緒にいなければ」「社会的に認められなければ」「家をもたなければ」「老後までに貯金しなければ」といった思い込みが、不自由な状態をつくり出してしまいます。

ほんとうは、なにもしなくてもいいし、なにをしてもいいのです。

歳を重ねるほど、なにかに縛られて身動きがとれなくなっている人が多いようです。さらにお金や健康などの不安も出てきて、これ以上、できることはないような気もしてきます。とくに会社と家との往復だけで過ごしてきた人は、定年後に居場所がなくて「やることがない」「認められない」「つながれない」と孤独に陥りがち。また経済的な自立ができずに、なにかと縛られてしまうケースもあります。

だからこそ、なるべく早い時期から、気ままに生きられる環境をつくっておく必要があるのです。**最低限の稼げる手段をもっておく、少ないお金とモノで暮らせるようにしておく、しがらみにとらわれず、できるだけ「時間・場所・人間関係」を選べるようにしておく**など一人でも動けるようにしておくと、逆に可能性は広がってきます。

人生の後半は、よくも悪くも〝わがまま〟になり、自分の好きなもの、欲しいものが際立ってくるもの。そんな思いを自分で満たしてあげるために、一人で動き、一人でつながり、一人で楽しめる状態にしておいたほうがいいのです。

NO.
66

孤独でダメになる人①

見栄っ張りな人

自分を守るつもりが、結局、傷つけています

孤独を楽しめる人、ダメになる人は性質や行動などのパターンがあります。ここからは、ダメになるパターンと、心を健やかにするヒントをお伝えしていきましょう。

まず最初の孤独でダメになる人は、「見栄っ張りな人」。たとえば、無理して高価なものを身につける人、SNSで過剰にキラキラした自分を演出する人、自分の肩書きや過去の栄光を自慢する人、知ったかぶりをする人など。

自分を大きく見せようとするのは、コンプレックスや自信のなさの表れ。そのままの自分でつき合えないと思っているので、見栄という〝鎧(よろい)〟を着て守っているのです。

人とつながろうと見栄を張っているのに、結局、うわべだけの関係なので、まわりに心を開けずに孤独、人が認めてくれないからと孤独、さらにダメな自分を実感して

孤独……と、孤独感を味わいまくって自分を傷つけることになるわけです。

そのような人は、プライドが高いのかもしれません。「ダメな人」だと思われたくなくて、孤独のなかに入り込んでしまう。叱られたり、失敗したりすると立ち上がれないほどのダメージを受けてしまうのも、人の評価に頼って生きているからでしょう。

へんなプライドがなく、叱られても平気な人は「それが自分なんで」と現実の自分をあっさり認めているので、自分を偽ってまでよく思われようとしないのです。

どんな人でも多かれ少なかれ「よく思われたい」という気持ちはあるものです。

もちろん、私もあるので、暴走しないように「自意識過剰。他人はそれほど気にしていない」と言い聞かせるようにしています。弱点を恥じて取り繕っても、あとでメッキが剝がれて「大したことないね」と思われるほうがよっぽど恥ずかしいですし。

自然体で接するよう心がけていると、人を怖がらず、人の弱さや欠点も大目に見られるようになってきます。人の評価で得られる〝プライド〟ではなく、だれになんと思われても「自分は自分でいいのだ」という〝自尊心〟をもてるようになるはずです。

NO.
67

孤独でダメになる人②

不幸自慢をして「悲劇の主人公」に浸る人

どうせなら「コメディドラマの主人公」になって笑い飛ばしましょう

幸せ自慢をする人は孤独に陥りやすいものですが、反対に不幸自慢をして「悲劇の主人公」に浸っている人も、また孤独と戦い続けることになるはずです。

涙ながらに「昔、いじめられたことがあって……」「つき合った相手がひどい人で……」「会社が残業代を払ってくれなくて……」と悲劇を話して聞かせる人がいます。そんな人は、ほんとうに悲惨だらけの世界だけに生きているのではありません。ただ、「他人からかまわれたい」「だれかに慰めてほしい」と、悲劇をつくり上げているだけ。なにかのせいにして自分を正当化したい気持ちもあるかもしれません。

しかしながら、そんな〝かまってちゃん〟に、多くの人はうんざりするもの。当然、本人は「みんな冷たい。だれもわかってくれない」と嘆いたり、同情してくれる人がいると、必要以上に依存したりするようになります。

私がさすがだと思う人は、傍（はた）から見ると相当たいへんなことでも、あっけらかんと笑い話にしてしまうツワモノ。「もう、笑っちゃうよね。ははは……」と、まるで「コメディドラマの主人公」のように自分のことを語れるのは、引いた視点から客観的に自分の状況を見られているから。そして、精神的に自立しているからでしょう。

一見、悲惨なことを〝笑えること〟として表現できるのは、「その程度では不幸にならない」「そこからなんとか挽回（ばんかい）する」と前向きな脚本が前提にあるからです。

私が貧乏生活を楽しめていたのも、これがずっと続くわけではないと思っていたから。「一日５００円で乗り切る方法を編み出そう」「わざわざお金のかかる場所に行かなくても楽しめるものだ」「この状況を脱して懐（ふところ）が潤うようになったら、さぞかし楽しいだろう」と痛快なドラマを思い描いていました。現実的に解決することに熱中していれば、さびしさに浸るヒマもないのです。

だれが自分を不幸にしているのか。はたまた幸せにするのか。

そう。それは、自分しかいないのです。

NO.
68

孤独でダメになる人③
なんでもすぐ「無理、無理」と言う人

自ら人生を切り開いていく人は、孤独感が遠ざかっていきます

「私にリーダーなんて無理、無理」「あの人は才能があっていいよね。自分なんかぜったいできない」「この歳から新しいことに挑戦するのは無理だよ」というように、やってもいないのに、すぐに「無理」「できない」と決めつける人がいます。

きっとできないのではなく、「できない人」でいることが心地よいのです。不可能なことにすれば、失敗してダメージを受けることもなく、やらなくても済むのですから。

そんな人たちは、挑戦することが少なく、挑戦しても最初からできないことを想定しているので、「ほら、やっぱりダメだった」と失敗する確率が高いのです。

もちろん、やりたくないことはやらなくてもいいけれど、興味があることや、「やれたら楽しそうだな」ということが出てきたとき、いつものクセで「無理、無理」と

決めつけるのは、つまらないではありませんか。

「自分はできない」と決めつける人は変化を嫌うため、狭い世界のなかに縮こまってしまいがち。受け身であるため、不満を抱えやすく、孤独に陥ることが多くなります。

反対に「もしかしたら、自分にもできるんじゃないか」と考えて挑戦する人は、自ら変化していくことに忙しく、さびしさに浸るヒマがない。ただやってみたいからと試すようにやっているので、たとえ結果がうまくいかなくても、後悔がないのです。

ある友人は、大人になってから数カ国語をマスターし、大学講師、和菓子制作、服のバイヤーなどつぎつぎに挑戦する人。先日は大がかりな家のリノベーションに挑戦。一人で天井と壁にペンキを塗り、20畳ほどのかっこいいワンルームを完成させました。「そりゃあ、しんどいこともあるけれど、完成したら最高でしょ。ちょっとずつ理想に近づいていく過程が楽しい」のだとか。いつも挑戦を楽しんでいる彼女には、自然にサポーターも現れるので「さびしい」という言葉はないのです。

自分の力を信じて取り組んでいくのは最高の喜び。「もしかしたら、できるかも」と考えて、簡単なことから挑戦してみませんか。

NO. 69

孤独でダメになる人④

うわさ話ばかりする人

"ただの人"としての活動が増えると、他人のことは気にならなくなります

ときどき、「この人の話は、うわさ話が多いなぁ」と感じる人がいます。

たとえば、男性管理職の場合、「○○社の社長は、また車を買い替えたらしい」「有名人の△△さんは、大学の同級生で……」というように。女性の場合は「○○さんの息子、△△大学ですって」「○○さん、来年、定年みたいね」というプライベートの話が多く、なかには悪口になる人もいます。

私は目の前にいる人の話が聞きたくて「あなたはいま、なにに興味があるの」「○○についてどう思うの」と質問するのですが、うわさ話の方向に流れていく。プラスに考えると、サービス精神で情報を提供してくれているのかもしれませんが……。

彼らはいつもまわりの人間関係のことを考えているので、意識していなくても、そ

のなかで自分の立ち位置を確認することになります。まわりとの関係性や評価で自分の価値も決めるので、劣等感や疎外感をもつことも多いでしょう。

一方、同じような環境でも、人のことはほとんど話さない人もいます。自分のことに専念すればいいと思っているので、人のことには関心がないのです。

以前、『50歳から花開く人、50歳で止まる人』（ＰＨＰ研究所）に「50歳からは、組織のなかの自分ではなく、〝ただの人〟として生き、人とつながったほうがいい」という内容を書きました。すると、読者の方からこんなメッセージをもらいました。

「かつて大学病院の医師として働いていました。派閥や上下関係のしがらみに気を使う毎日に嫌気がさして、いまは山村で地域医療をしています。〝ただの人〟として釣りをしたり、村の祭りに参加したりするのは肩の力が抜けて心地よいですよ」

一人の〝ただの人〟として活動する時間が増えたり、フラットな環境に身を置いたりすると、自然とまわりが気にならなくなるのかもしれません。

もし、うわさ話がしたくなったら、「まぁ、気になるよね。でも、どうでもいいか」といったん自分の気持ちを認めて手放すと、ラクになるのではないでしょうか。

NO.
70

孤独でダメになる人⑤

空気に流される人

「空気を読まない」のではなく、「空気を読んで、自分で決める」

「空気を読むのに疲れて、結局、自分の殻にこもる」と言っていた若者がいました。

「職場の会議では余計なことを言ってはいけない、上司が不機嫌なときは話しかけてはいけない、飲み会に行くと、つまらなくても笑わなければ、盛り上がったら二次会もつき合わなければと、空気を読んでばかりいてヘトヘトに疲れる。あえて空気を読まないほうがいいのかもしれない」と悩んでいるとか。

「空気を読まない」といっても、読む人は無意識に読んで反応してしまうもの。私も空気を察知する性質(たち)なので、神経をすり減らす気持ちはよくわかります。

でも、真に孤独に生きる人は、**「空気を読まない」のではなく、「空気を読んで、それに合わせるかどうかは、〝自分〟で決める」**人なのです。

対して、孤独でダメになる人は、「空気を読んで、まわりに流される」人です。

孤独に生きる人は、会議で自分だけ意見がちがっても、「ここは言っておいたほうがいい」と思うときには発言します。上司の機嫌が悪いときは、大抵はそっとしておくでしょうが、こちらが急いでいる場合は手短に伝えるでしょう。

飲み会でつまらないと感じたら話題を変えるし、盛り上がって二次会に行く流れのときは、行きたければ行くし、帰りたければ帰る……という具合に、**自分の気持ちや事情を軸に判断する**のです。

我慢や無理をして合わせても、ストレスでつぶれるのは目に見えています。ネガティブな感情をもちながらつき合っては、相手にとってもよくないはず。

「空気を読むこと」は、ポジティブに行うと、思いやりや心遣いになります。ただし、空気を読んだつもりが勘違いという場合もあるので、過信しないことも大事。

まわりの空気を感じていながら、自分を貫くのは孤独です。ときに勇気が必要なこともあります。それでも「相手のことも、自分のこともわかって、自分で決める」のは生きていく基本であり、いちばん勝率が高く、かつ満足できる道だと思うのです。

NO.
71

孤独でダメになる人⑥

察してもらうことを期待している人

「察してくれない」のは、口に出して言わない人の問題です

男女問わず、「やってくれると思ったのに」「それくらい、言わなくてもわかるでしょう」と、相手が察しないことに対して不機嫌になる人がいるものです。

いわゆる〝察してちゃん〟で勝手に期待して、勝手にガッカリしているようなもの。いつもさびしさを抱えてイライラしたり、不安になったりすることになります。

「なんで察してくれないの？」と相手に責任を押しつける傾向にありますが、「察してくれない」のは、口に出して言わない人の問題なのです。

たとえば、職場で「体調が悪いのに、なんで上司は新規の仕事を振ってくるのか」なんて嘆いている人。自分の身は自分で守るために「体調が悪いので、これ以上は振らないでください」とはっきり要望を伝えなければ、上司はわからないでしょう。

昨今はスマホを使ったＳＮＳなどによる、文字だけの会話が比重を占めるようになったため、察してもらえず、孤独になっている人も多いようです。

ある女性は婚活で知り合った人にデートに誘ってほしくて、勇気を出して「明日、休みなんですよね」とメッセージしたところ、「よかったですね」で終了。「避けられてる？」と不安になり、だんだん「男から誘うものでしょ」と腹が立ってきたとか。

これも、断られて傷つきたくないゆえのコミュニケーションの手抜き。「休みだから、どこか行きませんか？」と問いかけなければ、意図は伝わりません。**ＳＮＳだと表情も声もないコミュニケーションなので、その分、相手がどう受け取るかを想像して丁寧に伝える必要があるのです。**

「男（女）なら〜すべき」「上司なら〜すべき」といった思い込みも、さびしさを生む要因。「どんな人がいてもおかしくない」と考えたほうが、面白がる余裕も生まれます。

同僚、家族や恋人など身近な人ほど「言わなくてもわかってくれる」と勘違いしてイライラしたり、トラブルが起きたりすることが多いようです。「ちゃんと伝わっているのか」と相手の立場から考えることを、手抜きしてはいけないのです。

NO. 72

孤独でダメになる人⑦

情報に振り回されて大騒ぎをする人

孤独な人は「それほどたいへんなことは起きない」と知っています

孤独でダメになる人は、メディアの情報、人の言うことをそのまま鵜呑みにして不安がる傾向があります。自分だけ取り残されたくない気持ちから「老後はお金をもっていないと悲惨」「人とのつながりをもたないと孤独死する」と大騒ぎをしてしまうのです。

危機感をもつことは結構。ですが、「1」ぐらいのリスクを「10」ぐらいにとらえてしまうと、ただ怖がるばかりで、適切な行動ができないでしょう。

孤独に強い人は、「情報を受け取る」と「行動する」の間に、たびたび「いったん、自分の頭で考える」という作業をしています。感情に支配されて大騒ぎするのではなく、瞬時に〝もう一人の自分〟が発動して「待てよ。ほんとうにそうなのか？」

「その情報、発信者の別の意図がない？」「そもそも、その情報いる？」と考えて行動するので、より合理的な判断と行動ができるのです。

孤独に強い人が落ち着いているように見えるのは、一人で考える作業を繰り返すうちに、「情報が正しいとはかぎらない」「それほどたいへんなことは起きない」と無意識に体得しているからです。

また、ネットの「1カ月で100万円儲かる！」「簡単に10キロ痩せる！」といった商法に騙される人も、客観的に考えられず、ずる賢い人の餌食（えじき）になりやすいもの。そんな人は、「専門家が言っているから」「ネットで人気の○○が言っているから」と盲信する傾向があります。

情報に対して「それってほんとう？」と疑問をもつこと、全体像を俯瞰してみること、反対側の情報、複数の情報にも触れて精査することなど、信用しすぎないことが大事です。

自分の頭で考える作業は、「自分の人生のハンドルは自分で握る」という責任であり、簡単に不幸にならないための〝知性〟を磨くことだと思うのです。

NO. 73

孤独を楽しむ人が考えていること①

〝好きなこと〟を〝ほどほど〟にやる感覚

「どれだけしてもいい」と欲望を野放しにしては、不幸な末路をたどります

そろそろ「孤独でダメになる人」の、さびしさや不安から逃げてなにかにしがみつき、さらに孤独になる……というパターンがわかってきたのではないでしょうか。

ここからは「孤独を楽しむ人」たちは、日ごろどんなことを考えていて、どんなことを実践しているのかをお伝えしていきましょう。

「孤独を楽しむ」というと、一人で自由気ままに、好きなことを好きなだけやっているイメージがあるかもしれませんが、じつはそうではありません。

たとえば、高齢で一人暮らしを楽しんでいる人は、しんどくならない程度の決めごとをつくっているもの。だから、生活にハリも楽しさもあるのでしょう。

自由とは、単に〝わがまま〟に振る舞うことではなく、〝自律〟が必要なのです。

「甘いものが好きだから、いくらでも食べていい」「ギャンブルもいくらでもしていい」「なんでも買っていい」と欲望を野放しにしては、不幸な末路をたどるでしょう。

私は規則正しい生活が得意ではありませんが、それでも毎日の暮らしに、自分を律するための〝習慣〟が多くあります。「自分で決めたことをサボらずに続ける」のは意外にたいへん。だれに叱られるわけでもないので、いくらでも堕落できます。だからこそ、「好きなこと」「やりたいこと」が基本にあることが大切。その先にワクワクする喜びがあるのなら、自分を律することなんてへっちゃらですから。

もうひとつ、自分を律するために心がけているのは〝ほどほど〟という感覚。甘いものは控えているけれど、一日一度はいい。仕事は燃え尽き症候群にならないよう少しだけ余力を残す。一人は好きだけれど、人といることも大切に。仲の良い友人でも礼儀を忘れず押しつけない……と、**なんでも多すぎず、少なすぎずの自分の「ちょうどいい」を見つけることは、好きなものを好きであり続けるためのヒケツ**なのです。

自由だけでは幸せになれない。〝自律〟があってこそ、自由を謳歌できるのです。

NO. 74

孤独を楽しむ人が考えていること②
「ラクすること」よりも「楽しむこと」に重心を置く

結局、楽しさがあることでないと、やり甲斐もなく、続きません

孤独を楽しむ人たちは、それがどんな時間であっても、目の前のことを楽しもうとします。つまり、楽しいことをするか、やっていることを楽しむか。たとえ義務的にやることであっても、なにかしら工夫して楽しみや喜びを見つけようとします。

人は、心から「やりたい」と思うことは、どんなにたいへんでも、さほど苦にならず、孤独も不安も吹き飛んでしまうものです。

就職や転職、老後の仕事を考えるときに、よく「ラクで給料が高い仕事がいい」「ラクだけれど、見栄えのする肩書きが欲しい」などと言う人がいます。

白状すると、私も20代のときにそう考えたことがありました。しかし、ラクな仕事は報酬もそれなり。〝ラク〟を目指す時点で、受け身で〝他力本願〟なので、「高い給

料をもらえない」「評価してくれない」とさびしさを抱えることになるはずです。

結局、私が50職種以上の仕事をしてたどり着いたのは、やり始めると時間を忘れてのめり込む「書くこと」でした。週刊誌のライター時代は最低賃金より安いほど。それでもやってこられたのは、求めてくれる人がいて「やりたいことをやれている」という満足感と未来への希望。それも「楽しんでいること」になるのでしょう。

最近、フリーターをやっていた20代の友人が、「自転車で世界一周をする」という挑戦を始めました。もともと大の自転車好き。就職や留学を目指す道もあったけれど、「いまの自分にしかできない」ことをやってみたくなったのだとか。

人は、やり甲斐のあること、自分を「よくやった」とほめたくなることを欲しているもの。

それは〝ラクなこと〟を目指してはけっして手に入らない〝報酬〟なのです。

昭和の作家、僧侶である今東光（こんとうこう）さんの「人生は冥土までの暇つぶし」という言葉があります。せっかくなら、一日一日を楽しみ、最期（さいご）に「あー、楽しかった！」と言える極上の暇つぶしを目指したいものです。

NO. 75

孤独を楽しむ人が考えていること③

「人とちがうこと」をポジティブにとらえる

「人はそれぞれちがうのだ」と認めたら、自分にも他人にもやさしくなれます

「人とはちがうけれど、むしろ、ちがうからいいのだ」と気づくと、孤独は孤独でなくなります。「人と同じでなければ」「人に合わせなければ」と思うから孤独なのです。

50代の友人が英会話のグループレッスンに参加したところ、自分以外の4人は20代。最初は居心地が悪く、もの覚えも悪いので、やめてしまおうかと思ったとか。

ところが、見渡してみると、みんな心細げにしている。「ならば最年長の私が」と世話役を買って出て、積極的に話しかけたり、励ましたりしていたら、みんなのお母さん的存在に。メンバーから「〇〇さんのおかげで続けてこられた」と言われたほど。

「異質な自分はどう見られるのか」ではなく、「異質な自分はなにができるのか」と考えると、孤独感は吹き飛んでいくのです。

新しい場所に入っていくときは、だれもが〝新入り〟で異質な存在。疎外感があって、早くみんなに溶け込まなければと焦るかもしれません。

でも、〝新入り〟という立場を楽しんでみてはどうでしょう。「ここはどんな世界なのか」「どんな人がいるのか」「どんな関係性なのか」と探偵ドラマを面白がるように。わからないことで叱られても「教えてもらえますか？」と堂々としていればいいのです。〝新入り〟として新しいことを覚える段階も楽しいではありませんか。

孤独を楽しむ人は、一見、〝コンプレックス〟と思われるちがいも、持ち味に変えてしまいます。ある友人は家庭の事情でいわゆる〝中卒〟ですが、いまは少ないために興味をもってもらえるといいます。大卒も多い社内の営業成績でトップになったときはまわりが「よくがんばったね」「努力家で尊敬する」と数割増しで評価されたとか。

欠点と感じることは意外に、プラスの影響を与えていることが多いのです。

「人とちがう自分」を認めたら、だれにでも見た目、年齢、生い立ち、性自認、性質、趣味……と、なにかしらマイノリティの部分があることに気づきます。「人はそれぞれちがうのだ」を前提に生きると、自分にも他人にも寛容になれるはずです。

NO.
76

孤独を楽しむ人が考えていること④

「白か黒か」ではなく、グレーのままでいい

「嫌な点があっても、嫌な人ではない」と思うと、つながるチャンスもあります

孤独を楽しんで生きていくには、〝白黒思考〟に陥らないことが大事なポイント。

〝白黒思考〟とは、なんでもかんでも「いい・悪い」「敵・味方」「好き・嫌い」など二極に分け、曖昧(あいまい)な状況を認められない考え方のクセ。

人間は、わからないことをわかりたいという欲求、思考よりも感情に支配される性質があります。白黒思考が強い人は、ひとつ気になる点が見えると、「信用していたのに、あの人はひどい」「きっと私のことを嫌っているのだ」などと〝妄想〟してすべてを「黒」にしてしまう。孤独に陥りやすく、生きづらくなるでしょう。

「ものごとは白黒では判断できない。すべてはグレーでいいのだ」と〝グレー思考〟で考えることで、自分に対しても、他人に対してもやさしくなれるはずです。

私は他人に対して「嫌な言い方だな」「自分勝手だな」など嫌な点が見えても、その人自身を嫌いになることはないのです。なぜなら、完ぺきな人などいなくて、かならずリスペクトできる点も愛すべき点もあるのですから。

孤独を楽しむためには、「そういう点もある」ぐらいに考えて、どんな人とも必要なときにつながり、助けたり助けられたりする余地を残しておいたほうがいい。なにより、「嫌いな人」「悪い人」をつくらないほうが精神衛生上いいでしょう。

〝白黒思考〟は組織やものごとに対しても発動しそうになります。

ある男性は役職定年で部長から平社員へ。第一線を退いて「会社はひどい」「自分は必要とされていないのだ」と孤独に追い込まれて、仕事を辞める寸前でした。

そんなとき、ふと「これは悪いことか？　大した仕事もしてないのに給料がもらえるのはラッキーでは？」と思い直し、定年まで再就職の準備をすることにしたとか。

自分の思い込みを「ほんとうにそうか？」と疑うことで、白黒思考から抜け出せます。どんなことも「いい点も悪い点もある」「これからどうなるかわからない」と〝ニュートラル〟な状態にしておくと、ふといい感じにつながることもあるのです。

NO.
77

孤独を楽しむ人が考えていること⑤

安定より、柔軟に変わり続けることを楽しむ

人生は筋書きのない小説。一日一日に専念して自分でつくっていくのです

海外在住のライターたちとネットを通して井戸端会議をすることがあります。

10年ほど前までよくこんなことを言っていたものでした。

「会社に就職すれば安泰、結婚すれば安泰という日本の空気は、社会が安定している証拠。海外ではいつ失業してもおかしくないし、結婚生活が継続できるほうがめずらしい。いくつかの道筋を考えておいて、そのときどきで対処していくしかない」

それが昨今は「日本もこの先どうなるかわからないね」なんて話に。とくに大地震やパンデミックをくぐり抜けて空気が変わったことが、外から見ても感じとれるとか。

10年先、20年先、老後のことまで考えて、そのための準備を完ぺきにしても計画通りにいくものではありません。大企業でも突然なにがあってもおかしくない時代、個

人的にも病気や事故、家族の介護など状況が変化することは大いにあります。

万が一を考えておきつつ、準備は不完全でも、そのとき、その場所で「なにができるか」を考えて対処していけばいいのです。

怖がることではありません。何回と仕事やお金がなくなっても生きてきた経験からいえるのは、仕事は選ばなければなにかしらあるもの。なくてもこの国ではなんらかの社会保障や、かけ込む場所があって飢え死にする事態にはなりませんから。

いくつかの道筋を考えておいて「とりあえず1年はこれをする」と短期の目的に集中してはいかがでしょう。つぎの年にはそのときの課題が出てくるはずです。

先がわからないから怖いのではなく、むしろ、先がわからないから面白い。筋書きがわかっている小説をなぞるより、「先が読めない」とワクワクしながらページをめくるほうが、夢中になって楽しめるではありませんか。

久しぶりに友人に会うと、数年では「相変わらず」でも、10年経つと転職や昇進、起業、結婚、出産、病気など変化がない人はいないもの。どんな変化でも悲観せず楽しもうとする人が、すばらしい明日をつくっていくと実感しているのです。

NO.
78

孤独を楽しむ人が考えていること⑥

やりたいことは、ともかくやってみる

「人間は頭でなく、体で考える生き物」。経験を通して感性は磨かれます

孤独を楽しむ人たちは、興味をもったことは「ともかくやってみる」ということを、とても大切にしています。

なぜなら、それがいちばん「自分を幸せにすること」だと知っているから。がんばって力を出す必要もなく、自然に力がわいて〝省エネ〟で動いていけると体得しているからでしょう。

その代わり、どんなに人がやったほうがいいということでも、「やりたくないことはやらない」。気が向かないことは、なにをやってもうまくいかないからです。

もちろん、私も興味をもった仕事、遊び、趣味、旅、留学、田舎暮らし……「なんでもやってみよう」と、まるで道楽のようにやり尽くしてきました。

「勇気がありますね」と言われますが、やらずにはいられないことをやっている感覚。一歩踏み出せば、あとは弾みがつきます。多くの人は「失敗しないか」「続けられるのか」と先のことを考えすぎるから、足を踏み出せないのです。

失敗も含めて肌で感じたことは、生きるための〝感性〟になり、自信になるもの。

「人間は頭でなく、体で考えている」と聞いたことがあります。たとえば、焚火(たきび)で「あちっ」と体感した子どもは、つぎは危ないことはしないもの。焚火で魚を串焼きにすると美味しいとわかったら、その味を記憶して次回は自分で作るかもしれません。

私たちが「これは危険か」「この味は本物か」「なにが心地よいのか」「この人はどんな人か」と判断するためには、経験を通して〝感性〟を磨く必要があるのです。

とくに孤独を楽しむ人にとって、自分の感性だけが頼りといってもいいでしょう。

先日、70代の友人が「ハワイでパラセーリングをして、アリゾナ州で知人に頼まれたベビーシッターをしてくる」と半年の旅に出発しました。軽やかに「なんでもやってやろう」と動いていく姿はパワフルで眩(まぶ)しいほど。おそらく、元気だからやりたいことができるのではなく、やりたいことをやっているから元気なのだと思うのです。

NO.
79

孤独を楽しむ人が考えていること⑦

豊かに生きるために、とことん自分に投資する

自分に投資できない人は、自分が成長することを信用していない人です

尊敬する作家のセミナーに行ったときのこと。20代の男性が「いまから老後の蓄えを始めたほうがいいでしょうか」と質問したことがありました。先生の答えは、「バカ言うんじゃない！　月2万円ずつ40年貯金しても大した金額にならない。その2万円を毎月、自分の成長のために使ったら、いまの何倍も稼ぐ自分になれる可能性があるんだ。若いときは貯金はゼロでいいから、とことん自分に投資しなさい」

たしかに、ぐんぐん成長して稼いでいる人は、ただ働いているだけでなく、資格取得やスキルアップ、語学習得などの学び、体づくりや美容など外見を磨くこと、新しい経験、読書……とさまざまな自己投資をしているのです。

人生100年時代、多くの人は仕事も〝ソロ〟でフリーランスになる可能性あり。

自分という商材で稼ぐために、何歳でも学び続ける必要があると切に思います。

私がもっともリターンが大きいと感じる投資の仕方は、「最初に、成長できる場所をつくってしまうこと」。本業でも副業でもボランティアでもかまいません。まず、ソロとしてのアウトプットする場をつくれば、自然にインプットの量は増えるのです。

ある男性はアメリカに2年間、語学留学したものの、思ったほど英会話力が身につかなかったといいます。そこで帰国し、派遣社員として翻訳、通訳を担当。数年で急激に英会話力がアップし、10年後には起業して何十倍も稼ぐようになったのです。

私も着付け教室に1年通ったあと、すぐに副業にしてスキルを習得。カメラマン、編集者、ライターも、いきなり仕事にして、やりながら覚えていったものです。

稼ぐだけでなく、週末に料理をふるまう、絵や陶芸の個展、楽器の演奏会を開く、マラソン大会に参加する、絵本を作って保育園に寄付するなど、アウトプットの場をつくることはいくらでもできます。**苦手なことを普通レベルにするより、得意なことを感動されるレベルまで引き上げたほうがソロとして生きやすくなるでしょう。**

いちばん成長できると感じるポイントに〝時間〟をとことん投資してください。

NO.
80

孤独を楽しむ人が考えていること⑧

「孤独死」よりも恐るべき、孤独のリスクとは？

一人でいても困らない時代だからこそ、失くしているものがあります

「孤独死」に対する不安は、高齢者ばかりではないようです。生存確認アプリをもっとも利用しているのは30代とか。テレビ番組で若い利用者が「友人も恋人もいらないが、孤独死して何日も発見されないのだけが心配」と言っていたのが印象的でした。

しかし、私は「孤独死」のすべてを不幸だとは思わないのです。一人で生きることを「自分はそれがいいのだ」という人がいるように、そっと一人で死ぬことも「私はそれがいい」とする人もいるでしょう。**「孤独死＝不幸」と考えるのはネガティブな刷り込み。看取る人がいてもいなくても、人間は一人で旅立つものです。**

死んだあとのことは生きている方たちにお任せすればいいことですが、迷惑をかけるのが心苦しいなら、対処してくれる人を確保しておけばいい話。

私が孤独に対して危機を感じるのは、孤独死よりも、生きているとき。自由気ままなゆえに、おかしなことになっていることを「だれも指摘してくれないこと」です。

近しい人が「それ、間違ってるよ」「その言い方、いまの時代はアウト」「その格好はありえない」など指摘してくれればありがたいのですが、実際、気づいていても言ってくれないことが多いもの。気になるときは自分から「大丈夫？」と聞いたり、「ちゃんと指摘してね」と頼んだりしても、すべてを他人に委ねるのはむずかしい。

だから、自分で気づく能力を培うために、いつも危機感をもって、さまざまなものに触れ、「いまの自分は大丈夫か？」と振り返る機会をつくる必要があるのです。たとえば私は、尊敬する人から子ども、若者、高齢者まで幅広い人と話すようにしています。すると刺激になり、自分の課題が見えてきたり、勘違いに気づいたりします。

どんな仕事であっても成長する人は、つねに危機感をもって「改善点」や「足りない点」を探っています。危機感のない人は「この程度でいい」と現状に甘んじているので、変わることができない。ほんとうは、そんな人こそ改善点がたくさんあるのに。

危機感というのは自分に対するメンテナンスであり、成長のための機会なのです。

NO.
81

孤独を楽しむ人が考えていること⑨
「最高のこと」と「最悪のこと」を考える

ほんとうのリスクヘッジとは、不幸にならないように手を打つことです

台湾に留学していたとき、同級生との会話で何度か「日本人の女性が結婚や育児のために、せっかく入った会社を辞めるのが信じられない」と話題になりました。

どれだけ結婚相手が裕福で愛する人であろうと、人生なにが起こるかわからない。すべてを預けてしまっては、共倒れ。夫が働けなくなっても、離婚や死別で一人になっても、生きていけるようにしておかなければ不幸なことになる、というのです。

当時、私は人生の選択におけるリスクについて研究していて、日本人女性にインタビューをしていました。40代になると「まさか私が離婚するとは思わなかった」「病気になるとは」「リストラされるとは」となにかしらの危機を経験している。しかし、台湾人に言わせると、「そんなの、初めからわかっていたことでしょ」となるわけです。

ほんとうのリスクヘッジとは、不幸になってから後始末をすることではなく、不幸にならないよう手を打っておくこと。**自分の人生に責任をもって大切にしようと思うなら、〝最悪〟のことも想定しておく必要がある**のです。

「最悪、こうなっても大丈夫」と保険をかけておくと、仕事や結婚、なにかの挑戦など、怖さがなくなって大胆に挑んでいけるし、しがみつくことにもならないでしょう。

私は新しい世界に飛び込むとき、いつも「最高のこと」をイメージして、それに向かって動きますが、心の片隅で「最悪、なにもなくなって一人になっても大丈夫」と考えてきました。だから、気負いなく動けたのかもしれません。

もうひとつ、**「孤独を楽しむ」ためのコツは、楽しめる範囲で動くこと。**

お酒でも、恋愛でも、ギャンブルでも、楽しみ方を知っている人は、「楽しいけれど、このあたりでやめておこう」というラインを知っているものです。

自己責任が基本なので、責任がとれる範囲で手を出す。たとえば、起業するときは借金をしない、人に迷惑をかけない、大風呂敷を広げない、無理をしないという具合。

「最高のこと」と「最悪のこと」を考えておくと、なにも怖いものはないのです。

NO.
82

孤独を楽しむ人が考えていること⑩

自分への期待はどれだけ大きくてもいい

「やりたいことの半分しかできなかった」でじゅうぶんです

一年の初めに「今年の目標」をいろいろと掲げて、年末に「半分しかできなかった」という人は多いのではないでしょうか。

私もそう。でも、半分もできればすばらしいではないですか。おそらく「夢も希望もない」という状態だったら、なにひとつ実行できていないはずです。

人生も最期に「やりたいことの半分しかできなかったな。でも、なかなか楽しかった」でもいいと思うのです。夢や目標は、それを叶えること、計画通りに進めることが目的ではなく、〝いま〟を生み出すためにあります。予定変更したっていいのです。

目指す場所があるだけで自分を支えてくれる。毎日がわくわくして楽しくなる。孤独のなかにいても一人で夢中になれるし、苦しさも涙も意味のあるものになります。

だから、自分への期待はどれだけ大きくてもいい。人間は心の奥で自分のできることと、できないことをわかっているもの。少しでも真剣に「ひょっとしたら、できるのではないか」と想像したことは可能性がゼロではないはずです。

孤独を楽しめない人は「あんまり欲張らないほうがいい。余計なことは考えずに慎ましく暮らせばいい」と考えるかもしれませんが、力を尽くしたり、失敗したりすることが嫌なだけで、心の奥では自分に「できることがある」とわかっているはず。

また、自分の力を信じられないために、「宝くじでも当たらないかな」「婚活で理想を叶えてくれる人が見つからないかな」「家族にもっと稼いでほしい」なんて考える。自分以外のことに期待しても、そんなに都合のいい話はないでしょう。

いまの自分の力は小さくても、とことん自分の可能性を信じて進んでみる。すると、あるとき「自分はこんなことができたのか」とびっくりすることがあります。

自分を信じているからこそ、「そんなことじゃダメでしょう！」と叱れるし、結果がどうであろうと、「よくやった」と満足できます。「自分を信じる」という暗示の力は、人生という〝遊び〟の時間をなんと楽しくしてくれるのだろうと思うのです。

NO.
83

孤独を楽しむ人が考えていること⑪

「一人の楽しみ」と「自分の美学」をもつ

一人で楽しめることはいくらでもある。見つけようとしないだけです

一人暮らしの高齢者が生き生きしているかどうかは、「一人でいること」を納得して楽しめているかが大きい、と聞いたことがあります。納得していない人は「前は家族がいたのに」「まわりの人はお金があるのに」と昔や他人と比べる傾向があるとか。

高齢者だけでなく、若者でも、一人暮らしを〝贅沢なもの〟ととらえると、「いま、楽しめること」はいくらでもあるでしょう。インテリアを自分好みにするのも楽しい。植物を育てるのも楽しい。音楽を聴いたり本を読んだりするのも楽しい。80代の男性は「1年前に始めた水彩画が楽しくてたまらない」と言っていましたっけ。

料理はただ義務的にやるのではなく、積極的に「今日はちょっと味を変えてみよう」「新しい料理に挑戦してみよう」と試してみる。張り合いがなくなったら、たま

には人にも食べさせて喜んでもらう、など楽しむ工夫はいろいろとできます。

家族がいても、一人の楽しみをもっている人は生き生きとしているもの。それが家族関係や仕事にもいい影響を与えてくれることはいうまでもありません。

居酒屋のカウンターでとなりになった若者が「一人でいても、そんなに楽しいことってないっすよね」とつぶやいて、ぎょっとしたことがありました。素直な気持ちでしょうが、待っていても楽しみがやってくるわけではない。自分で探しに行かないと。

さらに、一人を楽しんでいる人は、「こうでありたい」という〝自分の美学〟をもっている人だと感じます。美学とは、自分なりのこだわりでもあります。

一人であっても「出かけるときは、おしゃれをする」「食事の時間はワインを添えて優雅に」「背筋を伸ばして堂々と歩く」「趣味を極めていきたい」「まわりの人を笑顔にしたい」など、それぞれの理想の〝一人像〟があるもの。自分を「一人でさびしくてみじめな人」だとはけっして思いたくないし、思っていないでしょう。

ほかのだれかと比べるのではなく、自分の「こうありたい」に近づこうとすることが、〝孤独力〟になり、誇りになり、自信になっていくのです。

第6章

孤独を楽しむ人の人間関係、ダメになる人の人間関係

自分を生かし、相手も生かすという関係があります

NO. 84

孤独が前提だからこそ、積極的につながれます

「一人でも大丈夫」と思えば、肩の力を抜いて気楽につき合えます

「孤独な人」というと、暗くて、口数が少なくて、どこか冷めていて、いつも人から距離を置いている……というイメージがあるかもしれません。

しかし、この本の「孤独を楽しむ人」はそうではありません。

キャラクターは人それぞれですが、人と楽しむこともするし、愛情深くて人を助けることもある。人と一緒にいる楽しみや喜びもわかっているし、生きるためには人とのつながりが必要なこともわかっている……という人たちです。

私も「孤独を楽しむ人」と自負しているのですが、人との時間があるからこそ、一人の時間が一層楽しく、喜びがあると実感しています。それに、一人で生きていこうとするなら人のサポートは不可欠。とくに「ものを書いて生きていこう」と〝人生の

一人旅〟を始めてから、どれだけ多くの人に助けられたことか。会社員をしていたころとは比にならないほどの出逢いと別れを繰り返しているのです。

孤独でいたいからこそ、人と積極的につながってきた、といってもいいでしょう。

孤独でダメになる人は、「人とつながることが面倒で嫌」、もしくは反対に「一人はさびしいから嫌」という人。どちらも嫌な人もいるかもしれません。

そんな人にとって、インターネットやＳＮＳは格好の慰め。簡単につながって交流できることに満足してしまうけれど、〝妄想〟しすぎて不安になったり、喜んだりする蜃気楼のようなコミュニケーションに、逆に孤独や虚しさが増すこともあるはずです。ＳＮＳは主体的に目的をもってつながるのならば、最高の道具なのですが。

第６章は、「孤独を楽しむ人」「孤独でダメになる人」は、どんな人と、どんなふうにつながっているのか、人間関係について一緒に考えていきましょう。

孤独を楽しめる人のいちばんの特徴は、人に対して〝恐れ〟がないこと。「一人でも大丈夫」と思っているから、肩の力を抜いてつき合えます。だれかといたいときはそうするし、一人でいたいときは一人でいる……と気ままに選ぶことができるのです。

NO.
85

孤独を楽しむ人の「親しい人」「頼れる人」とは……

孤独な人の人間関係は「君子の交わりは淡きこと水のごとし」

「友だちはいてもいいし、いなくてもいい」と思っていました。

でも、実際は親しくしている人も、頼れる人も自然に出てきました。「友だちが欲しい」「頼れる人が欲しい」と無理に探さず、無理に合わせず、自然体でいたから、周波数が合うように、通じ合う人が現れたのかもしれません。

そんな友人たちもまた、家族の有無や、男性女性にかかわらず、孤独を愛する人。互いに自立しているから、さらりとした関係で続いていく。「なにかしてもらおう」という期待や損得勘定がなく、ただ「好きだから」「一緒にいて楽しいから」という理由だけでつき合えるのです。孤独のなかでなにかを深め、自分なりの感性、価値観を生み出してきた人の話は面白く、深いところで響き合える感覚もあります。

ある友人は、頻繁に連絡を取り合うわけではないけれど、年に数回、タイミングが合えば会う関係でした。そんな彼女が、私が少々重い病気にかかったとき、親身になって病気について調べて、あちこちの病院に連れて行ってくれたのです。

「友だちはいなくてもいい」と思っていた私でも、やさしさが身に染みて涙。ぐっと一人で堪えていた気持ちが、どっと解放されたような気がしたのです。

「一人でも大丈夫」だけれど、頼れる人がいるに越したことはないでしょう。病気や災害など緊急時でなくても、助けてもらったり相談できたりすることもありますから。

「たくさん友だちがいるのに、頼れる人がいない」という人がいますが、友だちが多すぎて人間関係に忙殺され、深い信頼関係を築けていないのかもしれません。

一人でも二人でも、大切な人を大切にしたほうが気楽で、心強いはずです。

ただし、どんなに親しくても好意や要求を押しつけないこと、甘えすぎないことも大事。相手も自分も負担にならないよう、絶妙な距離感がもてるのも、孤独を愛する人のやさしさによるものです。「人にしてもらったことは忘れない。してあげたことはすぐに忘れる」という心もちで、さらりとした信頼関係を築いてください。

NO.
86

「戦わず、屈服せず、押しつけず」の姿勢

戦って勝っても負けても、嫌悪感を残す以上、戦いは続きます

人間関係があれば、摩擦が生まれるのは当然。意見が対立して嫌な空気になったり、バトルになったり、嫉妬して足を引っ張り合ったりすることは多々あります。

かつては私も納得できないことがあると、上司に戦いを挑み、ヘトヘトになるまで戦ったものです。パワハラ上司にどう応戦するかと一日中考えていたこともありました。人間関係はあくまでも仕事の〝手段〟にすぎないのに、朝から晩まで人間関係に振り回されて、人とどう関わるかが職場での〝目的〟になってしまうのです。

散々戦って得た教訓が「戦わないこと」。

なぜなら、**「戦わないほうが勝てる」**のです。

職場だけでなく、家族、自治会などどんな関係でも自分の意見を通したいと思うな

ら、相手に戦いを挑むより、味方にしたほうがずっとラクで、成功率が高いのです。

ここは〝感情〟の戦いではなく、「戦わず、屈服せず、押しつけず」の姿勢で〝知恵〟の勝負に持ち込みましょう。戦って勝っても負けても、嫌悪感が残る以上、戦いは続いていきます。感情的になるくらいなら、戦いは放棄したほうがいいのです。

孫子の兵法で「彼を知り己を知れば百戦殆うからず」とあるように、「相手はどうしたいのか？」「自分はなにが欲しいのか？」と、まずは客観的に相手と自分を知ることから。あとは状況に合わせて作戦を練るだけです。

私の場合、あまり重要でないことはさっさと相手に譲ります。折衷案で折り合いをつけるときも、自分のほうが少しだけ損をするくらいにしておきます。すると、こちらが「ここはどうしても譲れない」というときに譲ってもらえます。

孤独を生きる人にとっての敵は、相手ではなく、「相手を嫌いになる気持ち」。日ごろから感謝したり、リスペクトを示したりしていれば、悪いことにはなりません。

人間関係の対立は感情にのみ込まれたほうが負けと心得ておいてください。

NO. 87

孤独に弱い人の人間関係①

誘いや頼みごとを断れない

断ったぐらいで嫌われることはありません

孤独に弱い人は、一対一でフラットな関係をつくりにくいという特徴があります。ここからは、そんな人たちのパターンをあげていきますが、その代表格が、誘いや頼みごとを「断れない」人でしょう。

飲み会に誘われると、自分がしんどくても「せっかく誘ってくれたから」、仕事を頼まれると「困っているみたいだから」と断れない。とても真面目でやさしい人だからこそ、相手の期待に応えようとする……。それは、プラスに働くこともありますが、自分を犠牲にしてまでがんばるのは、「波風立てたくない」「嫌われたくない」という〝恐れ〟が潜んでいるのかもしれません。

孤独を生きる人は、「自分が幸せでないと、人を幸せにはできない」と思っているので、自分が「やりたいかどうか」で決めます。そもそも、「誘う」「頼む」は相手の都合。こちらはどう答えてもいい権利があるはずです。

飲み会は気が乗らなければ、素直に断る。相手も大人なら「ＯＫ！　またね」と理解を示すはず。それで縁が切れるなら淘汰（とうた）されてもいい関係です。

多くの人が勘違いしているのは、断ったぐらいで嫌われることはないということ。**万が一、嫌われたとしたら、〝断ること〟ではなく、〝断り方〟がマズかったのです。**

「やりたくない」「できない」とそのまま伝えるのではなく、「声をかけてくれてありがとう」と感謝して、「今回はダメだけれど、次回！」「来週ならできるよ」など気遣いを示すのが大人というもの。相手の気分を害しない断り方ができれば、むしろ、気持ちを素直に言い合える関係として、深いつながりになっていきます。

私もかつては断るのが苦手でした。「断るストレス」と「我慢するストレス」を考えたとき、「断るのは一瞬」「我慢は長い」と考えてから、断れるようになりました。

断るようになってから、「自分のほんとうに優先すべきこと」に集中できるようになったと感じます。自分のことを疎（おろそ）かにしては相手を大切にできないのです。

NO. 88

孤独に弱い人の人間関係②

嫌な人に振り回される

「課題の分離」ができるようになると、どんな相手も平気になります

人間関係で悩む多くの原因は「孤独になれないこと」だと感じます。嫌な人に振り回されているという人も、一人になるのを怖がっているからではないでしょうか。

職場に嫌な人がいるとき、朝、出社するのも憂鬱（ゆううつ）なものです。些細な言動にイラッとしたり、傷ついて落ち込んだり。夜、思い出しては「なんで、あの人は私にあんなことを言うのか？」とぐるぐる考えているのは、完全に支配されている証拠。

〝嫌な相手〟に支配されているのではありません。「もっといい人であってくれたらいいのに、あの人は……」という自分の〝期待〟に支配されているのです。

心の奥で相手がいい人でないと、自分は幸せになれないと思っているからでしょう。孤独を生きる人は一歩引いて「ああいう人、いるよなー。ま、自分には関係ない

けれど」と、相手と自分を切り離しているので、さほどイライラすることもないはず。

振り回されるのは「課題の分離」ができていないから。少し整理してみます。

相手の課題（自分ではコントロールできない）：相手に結果責任があること、相手の仕事や目標、置かれている立場、価値観や感情、人生など

自分の課題（自分自身でコントロールできる）：自分に結果責任があること、自分の仕事や目標、置かれている立場、価値観や感情、人生など

「相手の言い方がキツい」「相手が仕事ができない」などは相手の課題。ですが、「自分が傷つく」「自分がイライラする」などは自分の課題として解決していけます。

とくに「いまの自分の感情」は自分ですぐに変えていける問題です。「相手を嫌がってはいけない」と考えるのではなく、いったん「自分は嫌なんだ」と受け止めて「距離をとろう」「普通に接すればいい」など対策を立てればいいでしょう。

私は「どんな嫌な人でもリスペクトする点をひとつ見つける」「反面教師にする」「いつか話のネタにしようと面白がる」などを試します。「自分のなかで解決すること」が習慣になると、どんな想定外の相手がきても、大抵は平気になるものです。

NO.
89

孤独に弱い人の人間関係③
会社や家庭に居場所がない

〝ソロ活〟が居場所になることもあります

「会社に仲の良いグループが出来上がっていて居場所がない」「だれからも必要とされていなくて居場所がない」などといった話を聞くことがあります。

かつてよく、都心の駅近くのカフェで執筆をしていました。夜になると、会社帰りのサラリーマンでいっぱい。待ち合わせや勉強など目的があるふうでもなく、閉店までだらだらと時間をつぶしていて、常連になっている人たちもいるほど。

決めつけてはいけませんが、「会社にも家庭にも居場所がなくて、ここに来ちゃうんだよね」という心の声が聞こえてくるような気がしたのです。

〝居場所〟というのは、実際の立場や人間関係ではなく、心地よい、満たされる、落ち着ける、ほっとするなど、心が安定する場所。ベストではないけれど「一人で過ごすカフェ」が居場所になっている人もいるのかもしれません。なかにはスナックのカウンター席や、ネット空間に自分の居場所を求めてさまよう人もいるのでしょう。

「会社に居場所がない」という状況は、孤独で辛いものですが、「集団のなかで自分は一人」でもいいではありませんか。会社は仲間をつくる場所ではないのですから、自分の仕事さえちゃんとして「生活の糧（かて）を稼げばいい」でじゅうぶん。

「家庭に居場所がない」男性もお気の毒。「子ども中心の生活で自分の時間がない」「一人になるスペースがない」「マスオさん状態で居心地悪い」などの理由があるようです。

しかし、これらも現実的に解決していける問題。「居場所が与えられない」と思うからさびしいのです。いまいる場所で、自分の時間とスペースを確保する。疎外感があるなら、ただ合わせるのではなく、「いまできること」を自分から提供して、相手の居場所を心地よくすることが、少しずつ自分の心地よさになっていくはずです。

〝ソロ活〟もひとつの居場所。ある友人は「仕事帰りにお寺で写経をするようになって、気持ちが軽くなった。いろんな人が来ていて自分だけじゃないと思える」とか。カフェで時間をつぶすより心を満たしてくれる方法かもしれません。

NO. 90

孤独に弱い人の人間関係④

共感してくれる人でないとつき合えない

心地よい環境ばかりにいると、成長が止まってしまいます

「あなたなら、わかってくれると思っていたのに」

そう言ったことがある人、言われたことがある人は多いのではないでしょうか。

ある女性は友人の仕事の愚痴を聞いていて、「あなたもよくないかも……」とぽつりと言ったところ、友人から「ひどい。あなたならわかってくれると信じていたのに」「同じ立場の仲間だと思っていたのに」とSNSもブロックされたといいます。

「あなたは間違っていない」「いいよ、いいよ」と肯定してくれる人、「わかるよ」と共感してくれる人は、だれでも心地よいもの。でも、**やさしく受け止めてくれる人としかつき合えないと、自分を孤独のなかに追い込んでしまうでしょう。**

会議や商談で意見が食い違うことはあたりまえ。家族や恋人はほかの人より依存す

る部分が大きいので、わかってもらえないと、裏切られた気持ちになり攻撃的になることがあります。自分と異なる意見をはなから否定しては、敵もつくりやすいはず。象徴的なのがＳＮＳ。「いいね」がないと不安になり、ちがう意見が出てくると、みんなでたたくという同調圧力に疲れている人もいます。

理解されず、批判されても、すべてを否定されたわけではありません。孤独を生きる人は「まぁ、理解されないかもね」とあまり深刻に受け止めていないもの。それで困るわけではなく、「相手には相手の考え方がある」と尊重しているからです。

人は「似たタイプ」の人と「共感」でつながるのが心地よく、年齢、仕事、結婚、生活レベル、価値観、好みなど似ている人がまわりに集まりがちです。

しかし、狭い世界のなかだけにいては成長が止まってしまいます。

「いろんな人、いろんな意見があるから面白い」という度量があれば、多種多様な「ちがうタイプ」とつながって、学び合ったり、補い合ったりできるのです。

「だれからも理解されないだろうけれど、自分はこれでいいのだ」と少しだけのさびしさと大きな信念をもつ人は、極上の孤独を生きている人かもしれません。

NO. 91

孤独に弱い人の人間関係⑤

過去のことを根にもつ

孤独のなかで、恨みを消化する方法もあります

過去のことをしつこく根にもつのは、女性の専売特許のようにいわれます。妻が夫に「昔、ひどいこと言ったよね」「去年の誕生日も忘れてたでしょ」などと思い出すたびに攻撃し、「いい加減、忘れろよ」とうんざりされるのはよくある話。ところが、カウンセラーの友人に聞くと、男性も親に進路で反対された、昔の上司にいじめられたなど、根深い恨みをもって復讐（ふくしゅう）しようとするケースがあるとか。

恨みは負の記憶であり、「大切にしてほしかった」というさびしさの裏返し。それが残り続けるのは、人には感情の強さに比例して働く「返報性（へんぽうせい）の法則」があるからです。嬉しいことをしてもらったら、相手にも感謝やお礼をしたくなるように、傷つけられたら、相手にも〝お返し〟として罰したくなるのが、人間の心理なのです。

ふと記憶が蘇ってきたら、目の前の相手に「恨みごとのひとつくらい、言ってやりたい」と思い知らせるのも、〝お返し〟のひとつ。ただ、相手に復讐してもしなくても、記憶が残るかぎり、恨みも残り続けるでしょう。

過去に大きな痛手を負っても、孤独のなかで恨みを消化していく人もいます。

夫に浮気された友人が、こう言っていました。

「そりゃあ、許せないけれど、私は一緒にいたいから、今回は目をつぶることにした」

一人になりたくないからしがみついているわけではなく、いつ一人になってもいいが、**「いま、自分はどうしたいか」「そのためにはどうするか」と考えた結論**でした。

つまり、過去に傷ついたけれど、いまの感情は自分で選べるからと、〝お返し〟は封印。代わりに海外旅行をプレゼントしてもらって、ある程度気が収まったとか。

じつは私も、ひどい仕打ちをされて恨みを感じた人がいました。「よかったこともあったのでは？」と、プラスに考えることで恨みは消化されて、いまでは感謝しているほど。**「おかげさまで」と解釈を変えると、記憶も書き換えられていく**のです。

相手に支配された恨みの感情は手放して、自分の人生を生きようではありませんか。

NO.
92

生きていれば、人も環境も変わっていきます

無理して合わせることが、相手への誠実さではありません

私は数年単位で住む場所も、仕事のスタイルも、人間関係も変わってきました。嫌だから変わるのではありません。むしろ、短い間でもいい関係が生まれた人たちと離れるのは辛くてたまらない。けれど、もっと自分の力を試してみたい、新しい世界を見てみたい、と思い始めたら、その欲求を抑えることができないのです。

心地よい職場で、やさしい人ばかりに囲まれていても、もっと成長したいと思うとあえて厳しい環境に飛び込んでしまう。引き留められて「どうしてこんなに素敵な人たちから離れるのか」「自分はわがままではないのか」と葛藤（かっとう）もありますが、自分の気持ちに素直に生きようとするなら、孤独を覚悟して離れるしかないのです。

生きていれば、自分の欲求も変わってくるし、まわりの人も環境も変わってくる。

少しずつズレが生まれてくるのは当然のこと。そのまま関係を続けても、互いの見ているもの、求めるものがちがってきて、その世界のなかで孤独、葛藤を感じることになります。無理して合わせることが、相手への誠実さではないはずです。

「自分をないがしろにする会社」「話がかみ合わなくなった友人」「傷つけ合うようになった恋人」などネガティブな理由でも、前向きに離れることがあるでしょう。

離れるかどうかの見極めは「自分を好きでいられるか」。どんなにラクな場所でも「こんな自分は嫌だ」と感じたら、これまでまわりにいた人や環境が役目を終えたのかもしれません。反対に、たとえヘトヘトになる職場や、育児や介護で苦労の多い家庭などであっても、「こんな自分はいいな」と思える場所もあるでしょう。

結局のところ、「どこがラクで心地よいのか」ではなく、「自分がどうしたいのか」を軸に動いていくしかないのです。縁は移り変わっていくもの。自分を幸せにできるのは、最終的には他人ではなく、自分しかいないのですから。

ただし、去るときはこれまでお世話になった人への恩を忘れず、「立つ鳥跡を濁さず」で。去っていく人には、いまよりもっと輝けることを祈って笑顔で送り出しましょう。

NO. 93

内向的でも、人とつながる方法はあります

自分の持ち味を生かしてコミュニケーションをとりましょう

自分は内向的で人と話すのが極度に苦手、という人がいるかもしれません。「もっと明るく社交的にならなければ」と性格を改善しようとしている人もいるでしょう。でも、内向的な性格は簡単に変えられないもの。一人でいるのが好きなら、それでいいのです。でも、「職場で孤立せずに仲良くなりたい」「友だちや恋人が欲しい」のなら、内向的な性格のままでも人と関わっていく方法はあります。

まずお伝えしたいのは、「笑顔＋挨拶＋聞くこと」だけでも、じゅうぶんなコミュニケーションになるということ。**あなたのまわりにも、大人しくて自分からは話しかけてこないけれど、なんとなく人の輪の中にいる……という人はいませんか？**

そんな人は大抵、ニコニコしていて、口数は少ないけれど「こんにちは」「ありが

とう」と挨拶だけはしっかりする。人の話を「うんうん」とあいづちを打ちながら傾聴する〝聞き上手〟。人はだれしも「自分の話を聞いて、自分を認めてくれる人」が大好きですから、相手のことにも興味をもち、大切にしようと思うのです。

内向的な人は、自分から積極的に交流しようとしなくても、出逢えた人を大事にすることで、深い関係を築いていきます。無理に自分からアプローチすると、冷たく扱われて自信を失い、人と関わるのが怖くなる……というパターンに陥りがち。自分に興味をもってくれた人であれば安心し、心を開いて話せるはずです。

仕事も自己アピールしなくても、「いただいた仕事はきっちりやります」というスタンスで。孤独に生きてきた人は、なにかしら知識や趣味を深めていることが多いもの。「すごいね」「教えて」と興味をもたれる部分があると、声もかけられやすいでしょう。

補足ですが、内向的な人は世話好きのおじちゃん、おばちゃんと仲良くしていると、いいことがあります。なにかと役割をつくってくれたり、教えてくれたり、コミュニケーション不足を補ってもらえたりすることが多いのです。

NO. 94

女には女の孤独があります

女性作家の孤独、女性管理職の孤独、専業主婦の孤独とは……

女性作家の友人がこんなことを言ったことがありました。

「髪を振り乱して鬼の形相で本を書く姿を見られたくないから、私は一人でいい。男性作家はいいわね。だらしない格好でも仕事すれば素敵だと思う女性がいるんだから」

あまり男性、女性と分けたくないけれど、これには激しく共感。私もまるで民話「鶴の恩返し」のように、身を削ってヘロヘロの姿を「ぜったいにだれも覗かないで」という思い。そんなことは気にしない相手もいるのでしょうが。

仕事を優先してきた女性たちは、男性とはちがう種類の孤独があるものです。

きっとほかの立場の女性たちも孤独を抱えているはずと、まわりに聞いてみると、出てくる、出てくる。女性管理職の孤独、ワンオペ育児の孤独、シングルマザーの孤独、専業主婦の孤独など。

社内で初めての管理職になったという女性は、「そりゃあ孤独よ。男性と同様に、どころか、倍以上やらないと認めてもらえなかった。家事や育児は言い訳にならないし、『お手並み拝見』とばかりに男性だけでなく、女性も助けてくれないんだから」。

彼女は、男性と同じようにやるのは無理と、開き直って〝バリキャリ〟から〝お母さんキャラ〟に変更。男性が気づかないようなアイデアを出したり、部下たちの相談にのったり……と、徐々に自分の役割を見つけて、働きやすくしていったとか。

また、短大卒業後、専業主婦になった女性は、25年後、自分の人生を生きたいと離婚を切り出しました。「安定しているのになぜ？」と渋っていた夫も、最後は納得。「妻、母の役割を果たすことでいつも守られていたけれど、社会から切り離されたようだった。自分一人の力でどこまでできるか、試さずには死ねないと思ったの」

専業主婦なりの孤独もあります。**大切なのは「どんな立場でも孤独はあると覚悟して、生きたいように生きること」**なのでしょう。ただ、自分に厳しくしすぎず、甘えられるところでは甘えて。なにかしら救いの手はあるはずですから。

NO.
95

男の背中には孤独が見えます

「男だから……」という呪縛がありませんか？

女性の友人が、夫や職場の男性に対しての思いをこう語っていたことがありました。
「男の人の背中って、さびしそうね。辛いとき、女はみんなでわちゃわちゃ愚痴を言い合って発散するけれど、男の人は弱音を吐かず、じっと一人で耐えている。顔では笑っているけれど、なんだか後ろ姿がさびしそうに感じるの」

男性への愛と尊敬のある言葉です。もちろん愚痴を言う男性もいるし、逆に愚痴も弱音も吐かない、たくましい女性もたくさんいます。しかし、たしかに、男性には女性とはまた別のさびしさがあるように感じたのです。

いまでは薄らいできたものの、男性は子どものころから戦隊ヒーローや有名スポーツ選手にあこがれ、「男の子は泣いちゃダメ。強くなきゃ」「男は稼がなきゃ」「男は家族を養うもの」といった空気があったのではないでしょうか。

女性が「女はかわいいほうがいい」という呪縛を取り除けないように、男性も男性なりの呪縛を背負っているのではないか、まわりから見て「有能な自分」でありたいと、社会的評価を気にする人が、相対的に多いのではないかと考えたわけです。

「男だから……」という価値観は男の美学でもあり、がんばる力にもなります。

しかし、ワーカホリックぎみに仕事や出世争いに没頭し、定年になったあと、やることもなく元気を失くしてしまう……ということであれば、自分のなかの孤独と向き合うことが怖くて、息つく間もなく、がむしゃらに走ってきたのかもしれません。

そうなる前に、「自分はなにをしたいのか」、孤独のなかで考えてみることが後悔しない生き方になっていくはずです。

それから有能な上司やモテる男性であるために「強くなければ」というのは勘違い。いまの時代、心を開いて「助けてくれる？」と弱みを見せて頼ってくれる男性のほうが、安心できるもの。部下からも、女性からも力になってもらえ、愛されます。自分の生き方を模索しながら、「新・男の美学」をつくっていきませんか。

NO. 96

家族の期待が、深い孤独を生むことがあります

「放っておけない。でも一緒にいると腹が立つ」なら少し離れましょう

親子でも、夫婦でも「一緒にいるのに、なにを考えているのかわからない」という孤独を感じることがあります。

ある女性は、夫が定年退職したあと、一日三食、きっちりと食事を作っていました。夕食は毎日6時半。決まった時間にテーブルにつき、ひと言も会話がなく、テレビを観ながら食べる。妻は「今日もありがとう」のひと言くらいあってもいいではないか、と不満。夫は夫で、笑顔もやさしさもなく、意地になってきっちり家事をする妻に息苦しさを感じていたのでしょう。1年後、夫は黙って出て行ったそうです。

おそらくその1年間のことではなく、長年にわたって、一緒にいることに甘えて、会話をしてこなかった。そのため、ボタンの掛け違いが大きくなり、積年の恨みが募

っていたのでしょう。妻は最後のほうは「顔も見たくない」ほどだったとか。

親子でも、それぞれが忙しく、そろって食事ができない、会話がないという家庭も増えました。「親だから子どものことはわかっている」「夫婦は会話がなくても一緒にいるだけでいい」は大間違い。特別なことでなくても「今日はこんなことがあった」「こう思った」と話すだけでも、意外と知らないことがあると気づくはずです。

いえ、話す内容よりも、相手に向き合おうとする姿勢が大事なのです。

逆に親子の仲が良すぎて、〝過干渉〟になって起こる葛藤もあります。

友人同士のように、子どもは仕事や恋愛の悩みをオープンに話すけれど、親は「子どもが失敗しそうで心配」「親しか言ってあげられない」とやきもきして口や手を出してしまう。子どもも期待に応えられない葛藤でイライラ。親離れ、子離れができないために互いに独り立ちできないのです。

「子ども（親）にはちゃんとしてほしい」「兄弟姉妹だから助け合うべき」といった期待と甘えがトラブルの元。**相手を「そんなものだ」と認めて尊重するためには、もたれかからないところまで物理的距離、心の距離をとる必要があるのです。**

NO.
97

孤独を背負いきれないときは、どうすればいいのか

「人間はだれしも弱くなることがある」という前提で生き、救いを求めましょう

普段は「一人が楽しい」と思っている人でも、緊急時には一人では背負いきれないほどの重荷になり、耐えきれなくなることがあります。なかには「自分はどんなに辛いときも一人で耐えてきた。そんなときこそ強くなれるのだ」などという〝孤独強者〟がいますが、少数派なのでむやみに信じてはいけません。

「人間は弱くなることもある」という前提で生き、ほんとうにしんどいときは助けを求めてもいいのです。一人ぼっちで深い孤独の闇に入り込んだときは、寄り添ってくれる人がいるだけで心強く感じるものですから。

少し極端な話ですが、ある女性は、夫が自死したことで、罪悪感、不安、孤独感で、自分も後を追いたくなる衝動にかられるほどでした。そんなとき、ふとしたこと

から同じように家族を亡くした女性と出逢い、話を聞いてもらうことで心が慰められていったといいます。**「自分だけではない」という事実は、心を慰めてくれるのです。**

依存症や特定疾病（しっぺい）、ＤＶ被害などの自助グループで、同じような立場同士が思いや情報を分かち合って、希望と問題解決のヒントを得ることもあります。

ほかにも大切な人やペットとの別れ、病気、大きな失敗、失恋、失業、人との諍いごとなど、深い悲しみに襲われたときは、「落ち込んではいけない」ではなく、「落ち込んでいい」と許して徐々に立ち上がりましょう。身近な人に話を聞いてもらっていいのです。それは、相手に対しても、心を開ける場を提供することになりますから。

特別なことがなくても、忙しく仕事をしていると、「無性に孤独を感じる」「わけもなくさびしい」ということがあるかもしれません。**できればそうなる前に、普段から心を癒やしてくれるものをもっておいて拠（よ）り所にしましょう。**

人と話すのもいいのですが、症状が軽い場合は、読書もおすすめ。私たちの孤独や悲しみを、文豪たちがずっと前に体験して語り尽くしています。孤独な時間を、そんな感性豊かで、知恵のある人たちに寄り添ってもらうのも悪くありません。

NO. 98

孤独とともに闘っている人が大事にしていること

支えてくれる人たちの存在が孤独感を払拭してくれます

2022年に亡くなった英国女王の特集番組で、側近の一人がインタビューに答えていました。存命中、王室が批判され、女王が矢面に立つこともあったようですが……、「女王は、どんなときも感情を表に出すことはありませんでした。いつも自分のなかでじっと堪え、解決していらっしゃいました」

そのような立場の方には、うかがい知れない孤独があり、幼少期から「帝王学」を教わるといいます。むやみに感情を出さないのもそのひとつ。下の者たちが表情を読んで忖度するようになるからだとか。

また、「帝王学の三原則」では、支えてくれる三者をもつことを教えています。原理原則を教えてくれる師、直言してくれる友人、諫言（かんげん）（忠告）してくれる部下の三者で、あえて下の者から、直言よりも厳しい諫言をもらおうとするところがポイント。プライドに邪魔されず、謙虚に批判も聞こうとする姿勢が大事なのでしょう。

そんな支えてくれる人たちがいてこそ、トップの役割を果たせるのかもしれません。

トップアスリートも想像を絶する孤独な立場ですが、インタビューなどではつねに「応援してくれるみなさんのおかげで……」と感謝を口にします。サポートや励ましがあって自分は成り立っていると実感しているのでしょう。人は自分だけのためより、喜んでくれる人がいてこそ、より大きな力を発揮できるものです。

「自分一人の力」と考える人は傲慢になってうまくいかず、人も離れていくはずです。

帝王やトップアスリートでなくても、**「よりよい人になろう」「最高の人生を送ろう」と思うなら、自分を支えてくれる力を意識することが必要**だと思うのです。

尊敬するメンターが身近にいなくても「あの人だったらどう考える？」と想像したり、後輩に「どう思う？」と聞いてみたり。遠くからでも見守り、なにかあれば一緒に喜んでくれる人をもつだけでも、励みになります。そして、日々感謝を忘れずに。

まわりの力を自分の力に換えることができたら、これほど力強いことはないでしょう。

NO.
99

人を好きになると、孤独がもれなくついてきます

大人の恋は、自分で解決する術を知っているので、相手も自分も尊重できます

「恋をしたい」という気持ちは、人間の心に潜在的にあるもの。ですが、どうやっても恋愛は〝孤独〟をはじめとする不安、怒り、悲しみなどの苦しみがついてきます。

たとえば、恋人がいない場合、「一人はさびしい」という孤独。

自分に自信がない場合、「どうせ自分はモテない」という孤独。

好きな人ができたら、「振り向いてくれない」という孤独。

つき合えるようになったら「思った以上に会えない、愛してくれない」という孤独。

そして別れの予感がすると「捨てられたくない」「一人は嫌」という孤独……。

もう、ため息と涙の連続です。傷つくのが怖くて「別に恋人はいらないし」「それほど好きじゃないし」と自分の気持ちをごまかしてしまう人もいるもの。恋に背を向

けたら、のたうち回って苦しむこともないでしょう。

でも、それはそれでさびしく、虚しい気持ちが残ります。もし、大人の成熟した恋に進歩したいと思うなら、そんな苦しみも孤独のなかで受け入れてみてはどうでしょう。苦しみは誠実さの証なのですから。

依存心の強い恋は、自分の要求や感情を相手にぶつけるので傷つけ合ってしまいがち。相手を思い通りにしようとしたり、逆に従いすぎたり。期待に応えてもらえないと愛が憎悪に変わることもあります。そんな幼い恋から卒業しませんか。

大人の恋愛は自分で解決する術を知っているので、余裕があるもの。気持ちをさらりと伝えながらも、相手を尊重して求めすぎない。ほどよく甘えられる距離感をつかむ。自分も相手も笑顔でいられる関係を目指しましょう。

最近、高齢の女性が「片思いの相手ができただけで毎日が楽しくなった」と言っていました。本来、「人を好きになる」ということは、それだけで幸せなこと。**恋とは人を元気に魅力的にしてくれるものです。**

多種多様の恋の仕方があるので、恐れずあきらめずに、ぜひ恋のいいとこ取りを。

自分を愛せない人は、人を愛せない

自分で自分を幸せにできる人は、人を愛せて、人からも愛されます

「自分を愛する」とは、ナルシシズムではなく、自分に高価なものを与えたり、着飾ったり、甘やかしたりすることでもありません。

自分で自分のことを幸せにしてあげることだと思うのです。

やりたいことを自由にやらせてあげること、やりたくないことを無理強いしないこと。孤独でも自分を楽しませたり、喜ばせたり、癒やしたり、元気づけたりできることではないでしょうか。

そんな愛の〝自給自足〟ができる人は、自分を肯定するように、他人にも「そのままのあなたがいい」と寛容でいられるのです。

自分への愛が足りない人は、人から愛をもらうことを望みます。「愛されたい」「認められたい」と躍起になり、愛情を確認しようとしたり、相手の個性を変えようとしたり、反対に自分が無理して合わせようとしたりします。心の奥で「だれかがいないと幸せになれない」と与えてもらうことを期待しているので、その不安や焦りが自分も相手も苦しめてしまうのです。

心の自立ができている人は「やりたくてやっているから」と愛情を出し惜しみしません。相手の気持ちを尊重して押しつけることも、見返りを求めることもありません。

私のまわりにも、そんな友人たちがいますが、根っこのところで自分をもっている人は自然体で、へんな気遣いも要らないので人間関係もスムーズ。**まわりを愛情のある目で見つめている人は、自然にまわりからも愛される人になっていきます。**

自分から「愛すること」で愛は増えていくのです。

自分を愛することは、世のため人のため。そんな愛情深い人間になるためには、心を明るくして、自分の生き方に誇りをもち、好きになることが大事だと感じます。

「自分は自分を幸せにする力がある」「自分から愛することができる」という信念が心地よい場所と、ごきげんな毎日をつくっていくと、私は確信しているのです。

あとがき

ここ1週間、だれにも会わず、だれとも話さず、家に引きこもって過ごしていました。高齢者施設にいる母の物忘れが進まないように、毎日電話をする以外は。

今日、やっと仕事が一段落。車で食糧を買いに行く途中で、近所のガソリンスタンドに寄ったところ、見覚えのある若い女性スタッフがにこにこしながら、「お久しぶりですね〜！　1カ月以上、来てませんでしたよね？」と駆け寄ってきました。

「そ、そうね。ずっと車に乗っていなかったの。今日は寒いから風邪ひかないようにね」と私。なにげない言葉を交わしただけなのに、覚えてくれていたことが嬉しく、一瞬で心が和らいだのです。

人間は「一人でいたい」「だれかといたい」、どちらの気持ちも併せもつもの。ずっと一人でいると、人のあたたかさが身に染みるのです。

この本の〝孤独〟は、主に心のあり方を書いたものですが、現実的に「ほんとうに接する人がいない」「仕事以外はだれとも話さない」という人がいるのも事実です。

そんな人の孤独は、大きく分けて2種類あります。ひとつは「自分から望んでいる孤独」、もうひとつは、社会からはじかれていると感じる「望まない孤独」です。

これからの時代、後者の孤独が、ますます増えてくると感じています。「病気のときなど緊急時に助けてくれる人がいない」「自分を気にかけてくれる人がいない」など頼る人がいない孤独は、若い人の間でも増加しています。

でも、私は「望まない孤独」だからこそ、孤独でない人よりも、もっと心を開いてまわりと声をかけ合い、支え合うこともできると実感しているのです。

「孤独」というのは、他人とは一切つながらないという生き方ではありません。「だれも自分を理解してくれない」と嘆くだけでなく、だれかの話を聞くこと、理解すること、リスペクトすること、感謝すること、助けること、同じ目的をもって協力することなど、自分からつながる方法はいくらでもあります。

これからは、身近な家族や組織のなかで与えたり与えられたりと、〝恩返し〟をするのではなく、広い社会のなかでだれかを支えて、また別のだれかに支えられる、〝恩送り〟の時代になると、私は希望をもって見つめています。

「孤独であること」と「自分は不完全であること」を認めた人が、いちばんたくましく、人生を切り開いていけるのではないでしょうか。

孤独も人生も、楽しんだもの勝ち。孤独を楽しむ力はだれにも備わっているのです。ぜひ人生の〝一人旅〟をしている感覚で、与えられた日々を楽しみ倒そうではありませんか。

この本を最後まで読んでくださり、ほんとうにありがとうございます。

あなたの旅が、すばらしきものとなりますように。

有川真由美

装丁　小口翔平＋奈良岡菜摘（tobufune）

〈著者略歴〉

有川真由美（ありかわ・まゆみ）

鹿児島県姶良市出身。台湾国立高雄第一科技大学修士課程修了。作家・写真家。化粧品会社事務、塾講師、衣料品店店長、着物着付け講師、ブライダルコーディネーター、フリー情報誌編集者など、多くの転職経験を生かし、働く女性のアドバイザー的存在として書籍や雑誌などで執筆。

著書に、ベストセラーとなった『一緒にいると楽しい人、疲れる人』『なぜか話しかけたくなる人、ならない人』『50歳から花開く人、50歳で止まる人』『まんがでわかる 感情の整理ができる人は、うまくいく』（以上、ＰＨＰ研究所）や、『いつも機嫌がいい人の小さな習慣』（毎日新聞出版）、『「気にしない」女はすべてうまくいく』（秀和システム）等がある。

孤独を楽しむ人、ダメになる人

2023年３月29日　第１版第１刷発行

著　者　有川真由美
発行者　永田貴之
発行所　株式会社ＰＨＰ研究所

東京本部 〒135-8137　江東区豊洲5-6-52
ビジネス・教養出版部　☎03-3520-9619（編集）
普及部　☎03-3520-9630（販売）
京都本部 〒601-8411　京都市南区西九条北ノ内町11

PHP INTERFACE　https://www.php.co.jp/

制作協力
組　版　株式会社PHPエディターズ・グループ

印刷所
製本所　図書印刷株式会社

ISBN978-4-569-85434-2